旅游规划与设计 30

TOURISM PLANNING & DESIGN　NO.30

旅游规划 ＋ 景观建筑 ＋ 景区管理

北京大学城市与环境学院旅游研究与规划中心　主编

中国建筑工业出版社　出版

美食旅游
Culinary Tourism

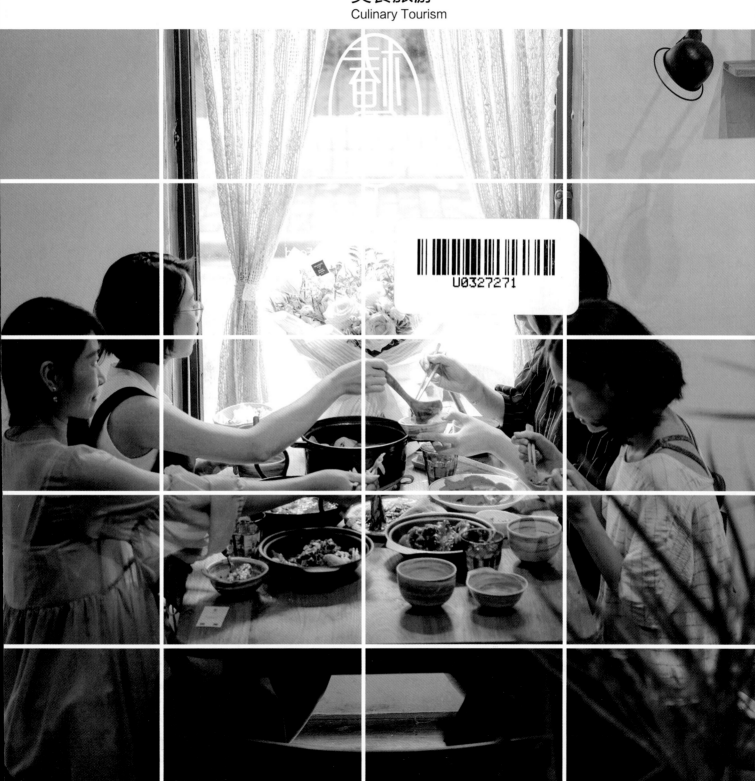

图书在版编目（CIP）数据

旅游规划与设计——美食旅游/北京大学城市与环境学院旅游研究与规划中心主编.
—北京:中国建筑工业出版社,2019.3
ISBN 978-7-112-23391-5

Ⅰ.①旅… Ⅱ.①北… Ⅲ.①旅游规划 Ⅳ.①F590.1

中国版本图书馆CIP数据核字(2019)第040645号

主编单位：
北京大学城市与环境学院旅游研究与规划中心　　北京大地风景文化旅游发展集团有限公司

出版单位：
中国建筑工业出版社

编委（按姓名拼音排序）：

保继刚（中山大学）	陈　田（中国科学院）	陈可石（北京大学深圳研究生院）
高　峻（上海师范大学）	刘　锋（巅峰智业）	刘滨谊（同济大学）
罗德胤（清华大学）	马晓龙（南开大学）	马耀峰（陕西师范大学）
石培华（南开大学）	唐芳林（国家林草局）	王向荣（北京林业大学）
魏小安（世界旅游城市联合会）	谢彦君（海南大学）	杨　锐（清华大学）
杨振之（四川大学）	张　捷（南京大学）	张广瑞（中国社会科学院）
周建明（中国城市规划设计院）	邹统钎（北京第二外国语学院）	

名誉主编：　刘德谦
主　　编：　吴必虎
本期特约主编：曾国军　　侯　兵
常务副主编：戴林琳
副 主 编：　李咪咪　　汪　芳　　高炽海
编辑部主任：林丽琴
编辑部副主任：姜丽黎
编　　辑：　孟紫玉　　崔　锐　　徐文晴
装帧设计：　刘洺铄
责任编辑：　郑淮兵　　王晓迪
责任校对：　焦　乐

封面图片提供：陕西袁家村
封面图片说明：陕西袁家村
扉页图片提供：广州椿里
扉页图片说明：广州椿里私房菜
封二底图提供：张妍妍
封二底图说明：台湾九份老街
封三底图提供：徐晓东
封三底图说明：成都宽窄巷子

旅游规划与设计——美食旅游
北京大学城市与环境学院旅游研究与规划中心　主编

中国建筑工业出版社 出版、发行（北京海淀三里河路9号）
各地新华书店、建筑书店经销
北京富诚彩色印刷有限公司印刷

开本：880×1230毫米 1/16　印张：9¾　字数：292千字
2019年1月第一版　　2019年1月第一次印刷
定价：48.00元
ISBN 978-7-112-23391-5
　　　（33538）

版权所有　翻印必究
如有印装质量问题，可寄本社退换
（邮政编码100037）

卷首语

"王者以民为天，而民以食为天"。民以食为天的观念源远流长，是中国饮食文化观念的核心，反映了中国几千年来文明史与农业的密切关系。中国拥有广袤的土地和多样的气候，不同的地理条件造就了人类千姿百态的生活方式。在这片土地上，有荒漠草原，有山川丘陵；有黄土高坡，有岛屿海洋，孕育了不同的饮食文化。上下五千年，这片土地上发生过无数故事，但食物带给人们的温暖和慰藉亘古不变。作为生存必需品，食物不知不觉成为地理环境、历史境遇、生存条件影响人们生活的最佳折射。美食不仅仅是物质上的呈现，还有文化的传承、人与自然的关系，不仅在于它的美，还在于装下的情感和记忆。因此，食物成为理解人与社会、人与地方关系最重要的媒介。

旅游不仅仅是风景、文化、地理上的旅游，也是美食的旅游。美食旅游涵盖了以美食为目的的旅游活动，以及旅游中的美食活动。美食旅游活动兴于20世纪80年代，21世纪以来表现出强劲的发展态势。说到美食旅游，我们不禁会想到，在中国广袤土地上，如雨后春笋般不断冒出地方特色小吃街。咸阳的袁家村、上海的城隍庙、成都的宽窄巷子和锦里、桂林的西街、武汉的户部巷、长沙的火宫殿、南京的夫子庙、苏州的观前街、青岛的劈柴院、济南的芙蓉街、厦门的中山路、扬州的东关街、昆明的南屏街、拉萨的八角街等……无数的小吃街如同盘根错节的经脉一般遍布在华夏大地。东西南北、天涯海角，无论你身处何方，过个马路，拐两个弯，也许就会遇见一片喧嚣的散发着扑鼻香味的美食空间。但是如今这些琳琅满目的"本地特色小吃街"，已经变得千篇一律，在商业化道路上与"地方性"相去甚远。饮食的"原真性"与"标准化"在对立中行而前。

现有的美食旅游研究主要围绕美食旅游概念探讨、以葡萄酒和茶为代表的美食相关旅游资源研究、旅游者饮食消费行为影响因素发掘及美食旅游开发探讨这四个方面展开。美食旅游的最大特点即"为食而游"，而美食旅游者则是以享受美食、了解当地美食文化抑或是参与以美食为依托的美食旅游活动为目的的旅游者。开展美食旅游，不仅可以增加文化认同感，增加地区经济收入，促进文化自信，还可以弘扬传统文化，输出文化软实力。发展具有中国特色的饮食文化旅游和丰富美食旅游的开展形式具有重要意义。本辑将围绕以下四个主题对美食旅游的相关议题进行探讨，即美食旅游的概念、发展与战略，美食资源与美食目的地，美食旅游中的产品与体验，美食文化与品牌构建。期望这些文章能够使诸位读者有所启发、有所收获。"山川依旧，风味不改"。让我们穿越四季、跨越山海，开始一场精彩绝伦的美食之旅。

受吴必虎教授的邀请，我很荣幸和扬州大学侯兵教授主持本辑美食旅游专题的编辑工作，也让我成为本辑专题的第一位读者。希望本辑专题文章对大家有所启发，也希望文中案例能增进读者对美食旅游的理解。感谢名誉主编刘德谦教授和主编吴必虎教授的鼎力支持，感谢各位作者的智慧和辛劳，感谢编辑部林丽琴主任和姜丽黎、孟紫玉等编辑的努力。本专辑得以按时出版，离不开大家的精诚合作。

本期特约主编

曾国军

中山大学旅游学院教授、博士生导师

目 录

06　美食旅游：概念、发展与战略

08　美食旅游发展趋势及典型案例剖析　　　　　　　　　　　　　欧阳灿　黄开正　李　想

20　基于地标美食消费的美食旅游概念新探　　　　　　　　　　　石自彬　韩雨辰　马建林

28　刍议河北美食旅游的开发与规划设计　　　　　　　　　　　　　　　　　　　　王　鹏

34　全域旅游背景下哈尔滨市旅游餐饮发展现状及对策研究　　　　　　　　　　　　汤　姿

40　美食资源与美食目的地

42　关于优质特色食材旅游开发的思考　　　　　　　　　　　　　　　　　　　　冯玉珠

50　四川美食旅游资源开发现状分析　　　　　　　　　　　　　冯明会　童光森　李　想

56　从舌尖体验到美食生活：美食旅游目的地的创新与发展　　　　　　　　薛　涛　高彩霞

66　美食旅游目的地文化原真性重塑路径研究——基于双向视角的阳朔大师傅啤酒鱼案例

　　　　　　　　　　　　　　　　　　　　　　　　　　　　　　　　　　　　梁馨文

76　美食旅游：产品与体验

78　乡土食材转化为美食旅游体验产品——以翎芳宴为例　　　　　　　　王翎芳　徐尧鹏

90　浅谈乡村深度人文旅行产品中的乡土美食创新——以大地乡居·风景食课为例

　　　　　　　　　　　　　　　　　　　　　　　　　　　　　　谢灵君　李　霄　Nora

96　熟悉度对美食旅游体验质量的影响研究——以黔东南黎平肇兴侗寨为例

　　　　　　　　　　　　　　　　　　　　　　　　　　　　陈瑾妍　张玉钧　尚琴琴

106　美食文化与品牌构建

108　旅游休闲街区中美食文化的运用与表达——以昆明茶马花街为例　　　　　　程小敏

122　以传统美食激发地方发展新动力——珠海斗门区美食旅游品牌建设创新实践

　　　　　　　　　　　　　　　　　　　　　　　　　　　　　王　欣　马紫蕊　石　莹

132　美食旅游对重庆城市形象构建的影响探究　　　　　　　　　韩雨辰　马建林　石自彬

142　顺德"世界美食之都"品牌认知调查　　　　　　　　　　　　　　　　周书云　张嘉欣

美食旅游

CONTENTS

06 Culinary Tourism: Concepts, Development and Strategies

08 Development Trends and Case Analysis of Culinary Tourism *by Ouyang Can, Huang Kaizheng, Li Xiang*

20 A New Probe into the Concepts of Culinary Tourism Based on Symbolic Food Consumption *by Shi Zibin, Han Yuchen, Ma Jianlin*

28 Discussion on the Development, Planning and Design of Culinary Tourism in Hebei Province *by Wang Peng*

34 Research on the Development and Strategy of Harbin's Tourism Catering in the Context of Holistic Tourism *by Tang Zi*

40 Culinary Resources and Culinary Destination

42 Tourism Development on High-quality Original Food Materials *by Feng Yuzhu*

50 Study on Tourism Development of Culinary Resources in Sichuan Province *by Feng Minghui, Tong Guangsen, Li Xiang*

56 From Taste Experience to Culinary Life: Innovation and Development of Culinary Tourism Destinations *by Xue Tao, Gao Caixia*

66 The Authenticity Reproduction in Culinary Tourism Destinations: A Case Study of Master's Beer Fish in Yangshuo *by Liang Xinwen*

76 Culinary Tourism: Products and Experiences

78 Transforming Original Rustic Food Materials into Experiential Products of Culinary Tourism: A Case Study of Lingfangyan Restaurant *by Wang Lingfang, Xu Yaopeng*

90 Creative Rural Cuisines as Deep Rural Cultural Tourism Products: A Case of BES Village Cooking Classroom *by Xie Lingjun, Li Xia, Nora*

96 Impact of Familiarity on Tourist Experience of Culinary Tourism: A Case Study of Zhaoxing Dong Village in Liping, Southeast Guizhou *by Chen Jinyan, Zhang Yujun, Shang Qinqin*

106 Culinary Culture and Brand Building

108 Presenting the Culinary Culture in Tourism and Leisure District: A Case of Chamahua Street in Kunming *by Cheng Xiaomin*

122 Traditional Food as a New Stimulation to Local Development: The Innovative Practice of Culinary Tourism Branding of Doumen District, Zhuhai *by Wang Xin, Ma Zirui, Shi Ying*

132 Culinary Tourism Impact on City Image Building of Chongqing *by Han Yuchen, Ma Jianlin, Shi Zibin*

142 A Survey on Brand Awareness of Shunde as the Gastronomy City of the World *by Zhou Shuyun, Zhang Jiaxin*

Culinary Tourism

江西婺源 油菜花田

美食旅游：概念、发展与战略
Culinary Tourism: Concepts, Development and Strategies

欧阳灿　黄开正　李　想		美食旅游发展趋势及典型案例剖析
石自彬　韩雨辰　马建林		基于地标美食消费的美食旅游概念新探
王　鹏		刍议河北美食旅游的开发与规划设计
汤　姿		全域旅游背景下哈尔滨市旅游餐饮发展现状及对策研究

美食旅游发展趋势及典型案例剖析
Development Trends and Case Analysis of Culinary Tourism

文 / 欧阳灿 黄开正 李 想

【摘 要】

随着旅游业的迅速发展,美食旅游成为热点。本文通过国内外美食旅游的发展趋势及美食旅游案例剖析与归纳总结,得出美食旅游的六大旅游模式:(1)教育美食旅游;(2)乡村美食旅游;(3)文化美食旅游;(4)美景美食旅游;(5)都市美食旅游;(6)节日美食旅游。

【关键词】

美食旅游;美食旅游模式;案例研究

【作者简介】

欧阳灿 四川旅游学院烹饪学院讲师

黄开正 四川旅游学院烹饪学院助教

李 想 通讯作者,四川旅游学院烹饪学院教授美食旅游（gastronomy tourism），又称食物旅游（food tourism）、厨艺旅游（culinary tourism），是一种体验美食味道，感受美食文化的旅游活动，强调以与美食相关的旅游资源为吸引物，让游客通过美食获得独特的、难忘的并具有文化内涵的旅游体验，兼具社会性和休闲性[1]。

美食旅游开始区别于早期仅局限于满足低层次生理需求的饮食[2]，属于发展、享受层次的旅游形式，重视生态学、经济学方面的效益。2000年，在塞浦路斯召开了首届关于本土美食与旅游的国际会议，提出要将地方美食打造成具有独特吸引力的旅游产品[3]。与此同时，《环球美食旅游：发展、管理与市场》《美食与旅游》《葡萄酒、美食及旅游市场营销》《厨艺旅游》以及《尝味旅游：为了饮食而旅游》等畅销书籍大量面世，激发了全球对美食旅游的关注。美食作为现代人的向往和追求目标，带来丰厚的社会和经济效益，激发了各国美食旅游开发的热情，预示着美食旅游有着光明的发展前景。

1 国外美食旅游发展趋势

美食是传统旅游产品的重要组成部分，食品消费在旅游消费中约占25%。20世纪50年代，美食旅游在法国葡萄酒庄旅游、农庄旅游、乡村旅游基础上发展而来。随着美食旅游在发达国家兴起，加上各国政府对美食旅游所带来经济贡献的重视，美食旅游在全球旅游市场蓬勃发展起来。

1.1 美食旅游类型的多样化

国外主要有以下3种美食旅游类型：（1）在假期赴某地烹饪学校参加烹饪教育；（2）在旅游地著名餐厅用餐，参观当地食品市场；（3）参观食品制作工厂或作坊。其中，烹饪教育是国外美食旅游的重要组织部分。西方烹饪学校为满足游客的需要，开设为

图1 意大利托斯卡纳的菜市场

Photo by Sven Johanson on Unsplash

期1天、2天、1周、2周或1月、2月等灵活的短期培训课程;"欧洲十大著名烹饪学校"的美食培训课程反映了人们对美食教育体验的热情。此外,英国、挪威、丹麦、瑞典、德国、荷兰等欧洲国家,通过在"城市农场""社区花园"等典型的农场开展"做中学"(learning by doing)的美食烹饪教育和体验,得到了政府支持和游客青睐。当然,绝大多数美食旅游活动会结合上述三种形式。

1.2 美食旅游产品的地方特色化

世界各国在各自美食旅游发展的思路上都注重开发不可复制、富有地方特色的旅游产品,并通过提供一系列特色美食产品,最终实现游客只有前往该地区才能体验原汁原味的原产地美食。世界知名的特色美食原产地众多,较为典型的热门地区包括:美国加州纳帕河谷,法国普罗旺斯、波尔多、勃艮第、香槟大区,意大利托斯卡纳区(图1),加拿大尼亚拉加以及澳大利亚亚拉河谷(图2)等。

1.3 美食旅游与乡村旅游相结合

20世纪70年代,受工业化和经济全球化的影响,欧洲乡村经济发展滞后,各国开始探索一条依托乡村特有的地貌和物产发展乡村特色美食旅游的乡村经济振兴之路。农场产品直销,吃地道乡村菜,体验农家生活等乡村旅游产品吸引了大量外地游客,既为农村地区提供了经济发展机会,又提升了乡村社区的自我文化认同感。例如,2001年英国乡村协会成功地发起了"吃风景项目"(Eat the View Project),该项目包括参与美食节庆、参观购买特定厂家食品、购买农家商品和农村集市的食材,以及品尝当地乡村餐馆传统美食等具体活动,成功实现了游客与乡村美食的紧密结合,推动了乡村经济发展。

1.4 美食旅游新产品的品牌价值化

欧洲各国一直关注美食旅游产品的品牌化建设,增加知名美食旅游品牌的高附加值。比较有代表性的国家包括:2002年爱尔兰食品协会以"纯洁的爱尔兰,纯正的味道"(Pure Ireland, Pure Taste)为美食主题,持续在美国西部进行市场推广,提升了爱尔兰美食旅游品牌知名度。新西兰围绕1993年创立的"新西兰之路"品牌,大力打造"新鲜新西兰之路""品尝新西兰之路""体验新西兰之路"的美食旅游品牌。1998年"新西兰之路"的170个合作品牌共同占20%的新西兰外汇收入,也代表了20%新西兰最好的公司。法国注重打造阿尔萨斯"让你惊奇的艺术"(the Art of Surprising You)、勃艮第"生活的艺术和欢乐"(the Art and Joy of Living)等葡萄酒国际化美食旅游品牌形象。法国率先实行原产地命名控制(AOC),这一首创的"原产地命名管理体系"还获得了欧盟的认可,并且于1992年在欧盟范围内颁布了相应的"原产地命名保护"法律体系。1994年世界贸易组织框架下的地理标识多边协议使得法国和欧盟原产地命名制度以及产品的知识产权得到了更为广泛的保护。

美食节具有集中展示本地产品、聚集人气和促进销售的功能,成

图2 澳大利亚亚拉河谷梅尔树莓果酱

Photo by Keji Gao on Unsplash

为各国各地推广地方特色美食产品的重要手段。世界知名的美食节包括法国的葡萄酒节、香槟酒节和法式美食节、德国慕尼黑啤酒节、中国国际美食节、香港美食节等。美国不同地区在不同季节举行不同的美食节活动，将美食与美景、美酒、音乐文化相结合，强有力地拉动了旅游市场；法国美食节实现了全国范围内的全民参与，提供丰富多彩的美食创意活动能够让游客获得深度的美食体验；德国慕尼黑啤酒节拥有600万~700万游客的参与规模，国际知名度高，旅游经济贡献大。

图3 成都宽窄巷子　　图片来源：摄图网

2 国内美食旅游发展趋势

西方国家对于美食旅游的研究早于国内[4]。国内对美食旅游的研究和美食旅游的起步相对较晚，但随着国内经济的高速发展，旅游业的迅速发展，美食旅游方式也逐渐受到国内游客的热捧。

2.1 都市成为美食旅游主要集聚地

我国现有的美食旅游主要集中于经济较发达的都市地区。四川省成都市和广东省顺德区分别于2010年、2014年被联合国教科文组织授予"美食之都"称号，拥有了世界级美食城市的金字招牌。北京、上海、广州等各大城市政府部门充分意识到美食餐饮对城市经济文化的促进作用，规划打造了许多风格迥异的美食街、美食城等，形成了都市美食集聚区。其中，以成都市为例，其市区集中打造了宽窄巷子(图3)、武侯祠锦里、琴台路等全国知名的集历史民俗文化和地方传统餐饮于一体的古街美食区；春熙路、羊西线、南延线、神仙树、光华村、科华北路、红瓦寺、交大路、建设路等街道社区也形成了各具特色的城区现代美食区或餐饮街。

2.2 美食节成为美食旅游的重要载体

我国每年在全国各地大量举办各种各样的旅游节、美食节、博览会，吸引了大量的客商和游客。这些美食节庆活动以推广本地农副产品、土特产食品为主题，搭建一个交流交易平台以促进本地美食产品的销售。美食节也逐渐发展为我国美食旅游的主要形式。例如2014上海旅游节"饕餮上海"活动，通过举办银联上海旅游美食节、都市咖啡文化节、扬子江德国啤酒节、南翔小笼文化展、静安国际起泡酒节、浦东假日酒店慕尼黑啤酒节、上海特色旅游食品评选等一系列美食节活动，吸引了众多市民和游客参与。中国国际美食旅游节是成都市重点打造的品牌节庆活动，已连续成功举办9届，每届都有200多万人参与，对提升成都市知名度、扩大内需、带动就业、刺激消费、促进现代服务业的发展发挥了积极作用。

2.3 农家乐成为近郊美食旅游的重要阵地

农家乐是以"吃农家饭、品农家菜、住农家屋、干农家活、享农家乐、购农家品"为特征的乡村旅游活动，近年来受到广大都市游客的偏爱。简单加工制作的农家乐乡土菜可以很好地满足都市游客追求生态绿色食材，保持食物原汁原味的美食体验愿望。到农村去、吃农家饭和享受田园风光成为城市人周末节假日主要休闲旅游方式[5]，带动了以"土菜""农家菜"为风格特征的农家餐饮业发展，也促进了农村的经济建设。

2.4 线上美食团购日渐火热

网络团购源于2008年在美国注册成立的Groupon团购网站。2010年中国第一家团购网站——美团网成立，短短几年内，国内相继涌现了数百家团购网站，如满座网、糯米网、拉手网、24券、窝窝团、58团购等，并仍以每天新增5家的速度快速增长，网络团购正在潜移默化地改变消费者的生活方式。据作者调查，主流的团购网站中，50%的团购都和美食有关，美食团购已成为餐饮消费的一种时尚业态：以外出就餐最为频繁的白领群体为例，网络正在改变白领的就餐习惯，外出就餐前，60%的白领习惯查询美食网站来"做功课"，更明显倾向于参与团购获得更大实惠；在了解餐饮信息方面，56.5%的白领选择"主要通过美食网站"；在决定消费选择时，也有超过一半的白领首选"参与团购"。根据餐饮消费调查，点评类网站、微博、微信平台对消费者做出餐饮消费选择的影响明显加强。而且，当前消费者对O2O的应用不止集中在预订，还逐渐向点餐、支付等综合功能深入扩展。

2.5 我国美食旅游发展问题突出

我国现阶段美食旅游发展存在一些现实问题有待解决：（1）品牌意识不强。我国美食文化历史悠久，各地都有本地的特色菜品，但没有树立强有力的品牌形象，也缺乏宣传手段。一些美食除了当地人，游客知之甚少，不能形成美食旅游产品。
（2）服务水平不高。乡镇地区多数餐馆设施简陋，经营产品单一，服务质量差，缺乏吸引力和接待能力。
（3）产业实力不强。县乡一级的餐饮企业普遍存在"小"（规模小，企业集团少，单兵作战多）、"散"（分散经营，目标市场分散，针对性不强）、"弱"（资本不雄厚，家底薄，竞争能力弱）、"差"（管理差，服务质量差，经济效益差）等现实问题。
（4）交通条件有限。近几年城市间的交通条件大大改善，但乡村地区的道路交通仍有较大问题，这极大地制约了乡村地区的美食旅游发展。

3 美食旅游模式及案例剖析

从美食旅游概念提出至今，根据旅游经济发展模式和特征，可将美食旅游模式归纳为以下六大模式：（1）教育美食旅游，即美食烹饪教育与经典美食体验结合；（2）乡村美食旅游，即乡村休闲度假与生态美食体验结合；（3）文化美食旅游，即文化领略感悟与内涵美食体验结合；（4）美景美食旅游，即自然景观欣赏与绿色美食体验结合；（5）都市美食旅游，即都市繁荣感受与风味美食体验结合；（6）节日美食旅游，即节日氛围融入与特色美食体验结合。这六大美食旅游模式的发展方式符合旅游发展模式的一般规律，结构与内涵完整，特色特征突出，可持续发展性强。

3.1 教育美食旅游案例与剖析
3.1.1 案例一：法国巴尔吉城堡酒店

法式菜是西餐中最知名的菜系。法国菜做工考究、品味高雅，法国人千百年以来已经将菜肴烹饪发展为一门艺术、一门学问，为游客提供的美食烹饪培训课程也是其美食旅游的一个重要旅游产品。法国巴尔吉城堡酒店（Chateau de la Barge）是一座14世纪城堡风格酒店，坐落于著名的勃艮第地区的中心地带。该酒店大厨为游客提供酒焖仔鸡、勃艮第红酒炖牛肉、豆焖肉、法式火焰可丽饼和葡萄酒炖梨等特色法式菜肴烹饪培训课程，吸引着全球众多的喜爱美食的游客群体前往。该酒店的主人热情好客，通常会同游客团队一起参加所有的培训课程，品尝菜肴或自助烧烤。此外，酒店周边的波里府水白葡萄酒（Pouilly-Fuissé）、博若莱红葡萄酒（Beaujolais）酒庄以及周边社区还可以为游客提供葡萄酒品鉴酿造、手工奶酪品尝制作等课程。

3.1.2 案例二：摩洛哥马拉喀什

马拉喀什（柏柏尔语：Murakush，阿拉伯语Murrākuš）是摩洛哥最重要的古都之一，既拥有许多非洲中世纪传奇神秘的文化遗迹，也是摩洛哥地方特色美食的集聚地（图4）。马拉喀什餐厅一般为游客提供库斯库斯（图5）、圆塔津、烤肉串等三种本地美食。还为游客提供各种体验式的美食烹饪课程：首先由专业厨师（一般是本地柏柏尔人）陪同游客到菜市场帮忙挑选食材，然后厨师运用游客亲自挑选的食材一边烹制，一边讲授烘焙沙丁鱼配茄子、焦糖茴香、小洋葱、柠檬鸡以及玫瑰蛋白甜饼等地方特色菜看的烹制方法,并邀请游客参与制作和品尝,让游客身心上都获得高质量的美食体验。

3.1.3 案例三:秘鲁利马乡村酒店

除了能为游客提供品尝皮斯科白兰地的机会,还为游客提供特殊的烹饪培训课程——如何使用烧热的石头制作腌肉和蔬菜等秘鲁特色菜肴。当游客亲自到菜市场采购回食材以后,当地乡村厨师会教授游客用酸橘汁、洋葱末和辣椒来腌制大块的生鱼片,再配以烤玉米粒、煮熟的土豆片和海菜等,让游客既能享受酸橘汁腌鱼的美味,又获得了美食烹饪学习体验。

为游客设计美食课程单元,通过教授、学习、体验,最终乐趣融为一体。教育美食旅游能够让游客学习美食知识,参与美食制作,在品味自己制作的美食的同时,收获成功的喜悦,最终获得高质量的旅游体验。美食教育不仅培养了懂美食、能做美食的人群,也培养了美食旅游的忠实客户群体。

3.2 乡村美食旅游案例与剖析

3.2.1 案例一:英国塔尔博特乡村酒店

酒店位于奈特维克(Knightwick)村的提米(Teme)河岸,是一家既富有传统乡村风格,又吸纳了现代元素的乡村酒店。塔尔博特(Talbot)乡村酒店由本地克里夫特(Clift)家族经营,他们将酒店经营与本土乡村美食相结合,为游客提供难忘的乡村美食体验,其主要经验做法是:(1)坚持食材本地化。蔬菜、香料、浆果要么是自己种植,要么来自本地种植户;肉类、火腿、牛奶、鸡蛋和奶酪等食材由本地农场提供;(2)保持乡村美食传统

图4 摩洛哥马拉喀什街道　　　　　　Photo by Annie Spratt on Unsplash

图5 马拉喀什美食库斯库斯　　　　　Photo by Louis Hansel on Unsplash

图6 西班牙贝赫尔德拉夫龙特拉村　　Photo by Max Hofstetter on Unsplash

风味。香肠、土豆泥、牛排、猪腰饼、酿羊胸肉、白豆炖羊肉、鹅腿配洋葱酱等菜肴全部采用乡村本土化烹制方法，面包、馅饼、黑布丁、泡菜、火腿、果酱等全年都由本村本店自己制作。

3.2.2 案例二：西班牙安达卢西亚乡村美食

西班牙安达卢西亚（Andalucia）实践出一种乡村旅游与美食旅游的最佳结合旅游发展模式。西班牙安达卢西亚乡村地区拥有地中海阳光（sun）、沙滩（sands）、海洋（sea）"3S"优质旅游资源，成为极具盛名的世界乡村旅游度假胜地。尤其是本土化乡村美食成为其突出的旅游产品。例如，该地区的贝赫尔德拉夫龙特拉（Vejerde la Frontera）不仅是一座阳光充足、建筑精致的小村庄，更是能够为游客提供深度体验的经典美食地（图6）。游客在当地可以享受海盐烤鱼、乡村肉菜饭、雪利巧克力蛋糕等乡村美食，还可以在沿海小镇鱼市购买食材，自己动手制作本土美食。

3.2.3 案例三：墨西哥博尼塔别墅美食

墨西哥博尼塔乡村别墅（La Villa Bonita）坐落于迪波斯特兰镇（Tepoztlán），有着浓郁的乡村生活气息。该别墅的大厨专门为游客展示如何做出辣椒核桃露、红绿鳗鱼、烤鱼、玉米粉蒸肉等墨西哥美食，深受游客喜爱。

随着返璞归真的乡村旅游方式兴起与发展，乡村美食旅游的原生态美食原料和生态与传统的美食加工方式受到了都市游客的喜爱。都市游客追求生态绿色食材，保持食物原汁原味的美食体验愿望，与呼吸乡村空气、欣赏乡村美景、体验乡村慢节奏生活的追求很好地结合在一起，成为现代美食旅游发展的重要方向之一。此外，我国农家乐作为乡村旅游一种特色的发展模式，也逐渐成为都市游客的绿色乡村美食体验地，成为我国乡村美食旅游的重要组成。

3.3 文化美食旅游案例与剖析

3.3.1 案例一：美国罗伯特·蒙达维酒庄葡萄酒文化游

美国加利福尼亚以葡萄酒文化为特征的美食旅游一直处于世界领先地位，其中位于纳帕河谷奥克维尔的罗伯特·蒙达维（Robert Mondavi）酒庄是其典型代表。该酒庄开展了葡萄酒酒庄参观、葡萄酒工艺展示、葡萄酒美食音乐会等世界知名的葡萄酒文化项目，具体包括：（1）让游客参观葡萄从葡萄园到葡萄酒的全过程，并在酒窖直接品尝酒庄名酒；（2）设计"葡萄酒+美食"的游客体验项目，针对不同游客团体开设"Kalon葡萄园+野炊午餐""葡萄酒+巧克力""四十载品酒+晚餐"等活动；（3）提供葡萄酒教育项目，培养游客的葡萄酒品酒技能，包括辨别不同葡萄酒的香味和口味、葡萄酒与菜肴的搭配等知识讲解。

3.3.2 案例二：法国香槟文化之旅

法国是世界上盛产香槟、葡萄酒和白兰地的国家之一。香槟阿登大区既是法国著名的香槟酒产区，也是法式美食集聚地。这里的香槟之路绵延500公里，贯穿于葡萄种植园，与当地自然生态景观、村庄、城堡和教堂融为一体。其中，当地的小城镇——埃佩尔奈（Epernay）拥有"香槟酒之都"的国际美誉，大量的游客前往参观其历史悠久的葡萄酒酿造公司和长达100公里的香槟地下酒窖。兰斯（Reims）拥有世界著名的G.H.Mum酒窖、Pommery酒窖、Taittinger酒窖、Ruinart酒窖等，也成为重要的葡萄酒文化吸引物。同时，这里除了令人震撼的酒窖景观，还有米其林餐厅、亚洲风味餐厅等众多的餐厅，形成了香槟酒文化浓郁的美食天堂。

图7 泰国菜市场　　　　　　　　　　张妍妍/摄

3.3.3 案例三：泰国多国美食文化的融合

泰国是一个佛教文化色彩浓郁、美食文化发达的国度，号称"世界的厨房"。一方面，泰国信奉佛教的宗教文化传统体现在泰国饮食中，例如泰国人不吃完整的鱼和肉；另一方面，由于泰国饮食风格深受中国、印度、印尼、马来西亚甚至葡萄牙等国家的饮食文化影响，结合泰国本土泰国柠檬、鱼露、泰国朝天椒等特色调料的使用，形成了深受游客喜爱的泰式风味（图7）。

将美食旅游与文化相结合，充分做到了让游客获得"美食吸引感官，文化震撼心灵"的深度美食体验。其中法国葡萄酒文化美食旅游是其典型代表。

3.4 美景美食旅游案例与剖析

3.4.1 案例一：澳大利亚袋鼠岛美食之旅

澳大利亚袋鼠岛（Kangaroo Island）是其第三大岛屿（图8）。游客在这里可以零距离与大自然接触，观赏海洋海滩美景，观察海豹、海狮、企鹅等多种多样的野生动物活动；还能亲口品尝当地出产的海蓬子、橄榄油、羊奶芝士、利古里亚蜂蜜、龙虾等美食，最终为游客带来美景与美食相结合的高质量、高品位美食旅游体验。

3.4.2 案例二：意大利白云石山美食之旅

意大利白云石山（Dolomites）是意大利境内阿尔卑斯山脉的主峰之一（图9）。白云石山的山体由一种叫作白云石的淡粉色石灰岩构成，并经常年风化形成各种突兀奇绝造

图8 澳大利亚袋鼠岛景色

图片来源：摄图网

型的壮美景观。2009年联合国教科文组织将其列入《世界自然遗产名录》。一方面,游客可以在此欣赏依托绵延的山脉、秀美的绿色山谷、精致的传统村庄所构成的人与自然和谐美景;另一方面,白云石山地区同时为游客提供阿迪杰(Alto Adige)葡萄酒、贝格霍费尔别墅酒店(Hotel Villa Berghofer)专业大厨美食等舌尖上的享受,形成了独特的白云山美景美食之旅。

美食旅游产品设置在世界自然遗产地等能与大自然零距离接触的地区,游客在天然生态环境中即可享受美食,获得"美景+美食"双倍深度体验。此外,大多数景观优美地区已经是比较成熟的旅游地,具备比较完善的旅游设施条件,能够为美食旅游在当地的发展节约大量成本,实现美景与美食旅游的共生发展。

3.5 都市美食旅游案例与剖析

2010年法国大餐入选了《世界非物质文化遗产名录》,法国各大城市均有其特色美食。以巴黎为例,其都市美食旅游集中形成了3种特色、3个片区:(1)香榭丽舍:老店及高级餐厅的聚集地。香榭丽舍大街是巴黎著名的服饰、珠宝、化妆品等奢侈品购物天堂,同时也是高档餐厅云集的地方。香榭丽舍大街周边开设了L'Avenue、Chiberta、Guy Savoy、Taillevent、Le Cercle Ledoyen等历史悠久的豪华老牌餐厅,任用技艺精湛的烹饪大师,吸引了大量高端消费游客群体。(2)歌剧院区:传统法国菜。歌剧院是巴黎著名的景点和娱乐场所,深受游客青睐。依托歌剧院大量的游客资源,歌剧院区开设

图9 意大利白云石山

Photo by Michal Kmet' on Unsplash

图10 德国慕尼黑啤酒节装有啤酒的花车　　图片来源：摄图网

图11 慕尼黑啤酒节美食——脆皮猪肘　　王媛/摄

了Café Runtz、Le Grand Colbert、Le Vaudeville、Lucas Carton、Chez Clément等著名餐厅，为游客提供最为传统的法国菜，并因此带动了周边各种产业发展。(3)圣杰曼德佩区：美食家的天堂。圣杰曼德佩区汇集了Restaurant Jacques Cagna、Café de Flore、Les Deux Magots、Aux Charpentiers等若干大大小小的餐厅、咖啡屋和甜品屋等，提供着各式高级法国料理、咖啡、甜品等，极大地满足了游客的多样化需求。

都市凭借较高的经济发展水平、较旺的人气聚集，已经成为高品质美食旅游资源的重要集聚地。全球已有6座城市被联合国教科文组织授予"美食之都"称号，分别是哥伦比亚波帕扬、中国成都、瑞典厄德特松德、黎巴嫩扎赫勒、韩国全州、中国广东顺德。因此，"都市+美食旅游"是十分有价值，并值得积极探索的美食旅游发展模式。

3.6 节日美食旅游案例与剖析

德国慕尼黑啤酒节是世界三大啤酒节之一，被欧美啤酒专家们誉为"每一个啤酒爱好者都该至少要去一次的狂欢节"。慕尼黑啤酒节已经成为全球最大的节庆活动之一，每年至少能吸引超过700万人次的游客，喝掉600万余公斤啤酒，吃掉20万余条香肠、60万余只烤鸡，极大地带动了地方旅游经济发展。(1)保留巴伐利亚民间习俗。啤酒节期间，用华丽的马车运送啤酒，在巨大的啤酒帐篷中开怀畅饮，欣赏巴伐利亚铜管乐队的民歌乐曲，以及赛马、射击、杂耍、游艺活动、戏剧演出、民族音乐会等，再加上本地本民族人们热情、豪放、充满活力的性格展示，营造出一派巴伐利亚民间传统文化氛围。(2)啤酒节只销售本地啤酒。慕尼黑啤酒节只出售本地生产的啤酒，宝莱纳、皇家、欧菲和狮王等本土著名啤酒生产商成为提供啤酒的主角。富有传奇色彩的欧菲啤酒(Oktoberfest)，成为慕尼黑啤酒节上最富有代表性、销量最大的知名啤酒。(3)选择合适的节日节庆时间。慕尼黑啤酒节作为一个地方标志性的节日盛会，一般选择适合饮用啤酒的夏季，这也为节日增添了热情洋溢的色彩(图10、图11)。

集中展示本地美食产品，添加丰富多彩的美景、美酒、音乐、文化等多元创意元素，设立美食节能够达到短时间聚人气、促销售、创品牌等市场营销效果，拉动美食旅游市场发展。同时，美食节参与面广、影响面大、主题突出，具有很强的可操作性，已经成为世界各国美食旅游的重要发展模式。

4 结语

美食是现代人生活不可缺少的部分，旅游是人们对休闲生活的向往和追求[6]，美食旅游逐渐受到人们的认可，具有广阔的发展前景。本文通过对国外美食旅游发展趋势的总结分析，归纳出美食旅游六大模式并对美食旅游的典型案例进行剖析，以期促进美食旅游模式的探索与创新，为我国美食旅游的发展和研究提供参考。

基金项目

国家民委人文社会科学重点研究基地——中国彝学研究中心资助项目

项目编号：YXJDY1808

四川旅游学院四川少数民族饮食文化传承与传播研究团队

项目编号：18SCTUTD01

参考文献

[1] Ignatov E., Smith S. Segmenting Canadian culinary tourists[J]. Current Issues in Tourism, 2006, 9(3): 235-255.

[2] 张源. 成都美食旅游研究[D]. 复旦大学, 2008.

[3] Cohen E., Avieli N. Food in tourism: Attraction and impediment[J]. Annals of Tourism Research, 2004, 31(4): 755-778.

[4] 袁文军等. 美食旅游的概念辨析——基于文献综述的思考[J]. 四川旅游学院学报, 2018(2): 37-41.

[5] 董雅晴等. "农家乐"转向休闲农庄的四个本质——以河北省滦平县西沟满族乡为例[J]. 农业经济, 2018(8): 27-29.

[6] 管婧婧. 国外美食与旅游研究述评——兼谈美食旅游概念泛化现象[J]. 旅游学刊, 2012, 27(10): 85-92.

基于地标美食消费的美食旅游概念新探
A New Probe into the Concepts of Culinary Tourism Based on Symbolic Food Consumption

文 / 石自彬　韩雨辰　马建林

【摘　要】

美食旅游作为一项特色旅游活动，自2000年前后兴起，发展至今，已经成为旅游产业的重要组成部分。国内外学者对美食旅游概念的定义，呈现多种表述，甚至出现严重的概念泛化现象。美食旅游概念应适合美食旅游产业发展的需要。本文以地标美食为核心旅游资源和消费产品，提出现代美食旅游的新概念。

【关键词】

美食旅游；地标美食；美食旅游目的地；地域菜系

【作者简介】

石自彬　重庆商务职业学院食学研究协同创新中心讲师
韩雨辰　重庆商务职业学院食学研究协同创新中心助教
马建林　重庆商务职业学院食学研究协同创新中心副教授

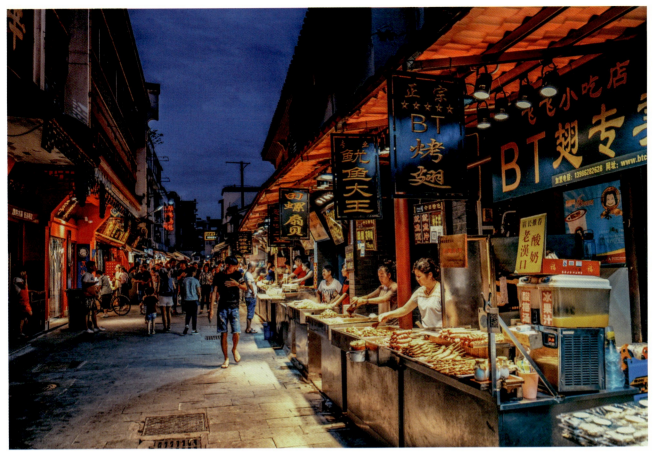

图1 武汉户部巷美食街　　　　　　　　　　　　　　　　　　　　　　　　　　　　　　　　图片来源：摄图网

1 美食旅游研究概况

美食旅游伴随旅游业的产生和发展一直存在，长期以来都是旅游业的重要组成内容，是一类特殊的旅游消费形式。中国历史上不乏美食旅游形式记载，如《穆天子传》（又名《周穆王游行记》）记载周穆王西游过程中，西王母瑶池设宴这一传说；隋炀帝沿京杭大运河南巡江南，尽享"金齑玉脍，东南佳味也"；欧阳修醉翁亭酒宴之乐；苏东坡赤壁泛舟之饮等历史典故[1]。中国古代文献类似这种美食伴以游记的记载，最著名的当属《徐霞客游记》，这些可谓是古代美食旅游的典范。现代美食旅游这一新的旅游现象，被普遍认为是出现在20世纪80年代，并首先在欧美等国发展起来，21世纪开始在国内逐渐兴起的地方特色旅游[2]。

美食旅游，这一术语由中国学者吴仁安在1987年首次提及，但没有给出具体内涵定义。他指出，旅游的门类可以分为山水旅游、会议旅游、美食旅游、文艺旅游、体育旅游、教育旅游、商务旅游、历史考察旅游等[3]。可见美食旅游术语出现于中文文献，至少已有30多年历史。

中国作为美食与旅游大国，丰富的旅游资源和美食资源为美食旅游提供了基础（图1）。1987年广州举办的首届"广州美食节"，吸引大批游客观光品尝。基于此，陈政勇[4]提出"美食节"等饮食文化、表演，有助于推动旅游业发展。而张代英[5]则提出要重视美食产品开发，提升旅游餐饮质量，吸引国际旅游者。随后章采烈[6]、迟景才[7]等学者，均对美食旅游概念进行了内涵阐释。

国外美食旅游的研究，始于20世纪80年代的西欧国家及日本等[8]。2000年，在塞浦路斯召开了首届关于本土美食与旅游的国际会议，提出要将地方美食打造成旅游目的地的独特吸引物。这一会议被视为美食旅游研究的分水岭，标志着美食旅游研究系统化、国际化的开始。

2 美食旅游概念分析

2.1 国外美食旅游概念分析

根据现有文献资料检索，国外的"美食旅游"概念由露西·朗（Lucy Long）在1998年以"Culinary Tourism"一词的形式首先提出，并在2004年将其定义为"经历和参与其他区域人民的饮食生活，而不仅仅是局限于消费、烹饪和饮食项目的介绍"[9]。不同的学者对"美食旅游"概念所用的英语单词略有差异，包括Gastronomy Tourism、Cuisine Tourism、Food Tourism、Tasting Tourism等，其内涵侧重有所不同。联合国世界旅游组织（UNWTO）在2012年、2017年发布了两版《全球美食旅游报告》，先后分别使用"Food Tourism"和"Gastronomy Tourism"表述美食旅游[10]。鉴于联合国世界旅游组织的国际官方权威性，Gastronomy Tourism被视为美食旅游概念的英文官方表述。

国外美食旅游概念的定义，一是对美食的品尝；二是对与美食相关活动的体验，并强调是因美食资源的吸引发生的旅游行为，其旅游的动机、出发点是基于目的地的美食资源，而非景观资源或其他资源。具有代表性的一些学者，包括霍尔（Hall）和沙普尔斯（Sharples）[11]、博尼费斯（Boniface）[12]、朗（Long）[13]、谢诺伊（Shenoy）[14]、伊格纳托娃（Ignatove）和史密斯（Smith）[15]等。其定义内涵认为美食旅游是特定的旅游行为，只有以美食为唯一动机的旅游行为才能成为真正意义上的美食旅游，即是"为食而游"。有些学者认为，美食旅游只是少数美食发烧友、美食吃货或美食学者、美食从业人员为了某一美食而进行的一种特殊旅游活动，美食是旅游的唯一核心内容。

图2 北京烤鸭制作过程中的大厨片鸭　　图片来源：摄图网

2.2 国内美食旅游概念分析

国内美食旅游研究,主要集中在美食旅游资源开发、功能作用、消费影响、现状问题、对策途径等实践应用性研究上,而对美食旅游概念内涵的深入研究仍相对偏少。美食旅游的概念,在国内的早期研究中,通常与"饮食文化旅游"等同,《试论饮食文化资源的旅游开发——以福州为例》为这一时期美食旅游研究的代表性成果[16];《叫响辽宁"美食旅游"》是国内第一篇将"美食旅游"作为题目的报纸文章[17]。

章采烈[18]认为美食旅游是以品尝美食,同时伴随着游览目的地人文景观和自然景观的活动。这是现在查寻到的国内最早对美食旅游概念所下的定义。迟景才[19]认为美食旅游是以品尝特色美食为主要动机的旅游活动。而美食旅游概念研究,具有代表性的成果有《国外美食与旅游研究述评兼谈美食旅游概念泛化现象》[20]、《美食旅游概念泛化现象研究》[21]、《美食旅游研究综述》[22]、《美食旅游的概念辨析》[23]等少数几篇论文。其他学者如傅文伟[24]、王晓文[25]、翁毅[26]、王雪莲[27]、李亚东[28]、张源[29]、周书云[30]、吴晓东[31]、张涛[32]、许凌云[33]、王小敏[34]、于振涛[35]、韩燕平[36]、朱万春[37]、陈小连[38]、杨绪光[39]、刘秀珍[40]、盛颐[41]、蒋婷[42]、张丽[43]、赵豫西[44]、孙爽[45]、汪丽珍[46]、李东祎[47]、季雅洁[48]、潘俊[49]、王昭[50]、张珊珊[51]、袁文军[52]、欧阳光[53]、刘丽华[54]、张骏[55]等,也多有涉及对美食旅游概念的描述,但均存在高度的相似甚至相同内涵表述,且都没有深入分析其概念内涵。这些概念的共同点仍是强调美食旅游的两大核心资源要素:一是品尝享受特色美食;二是体验感受美食文化,甚至是美食制作全过程等。

同时,不同的学者在表述上也略呈现出内涵的差异:一是有的强调美食旅游是要到居住地以外的地方,即异地旅游;二是对美食旅游概念的泛化问题、对美食旅游动机与行为上的认知存在差异,有的以动机、有的以行为界定美食旅游。行为的范畴内包含了动机,是对动机范畴的扩充[56],使美食旅游的概念不断外延,扩大了美食旅游的内容,将酒饮、茶饮,以及美食产业链上的种养殖业、加工制造业、观光农业、节庆旅游、养生旅游等纳入美食旅游范畴,从而偏离了美食这一核心资源主线,导致概念泛化。

3 美食旅游特点分析

3.1 美食旅游资源具有地域特色属性

吸引人们前往目的地进行美食旅游的,首先不是景观资源,而是美食及美食文化资源;其次美食资源不是泛众化的一般菜食,而是具有当地饮食特色和饮食文化内涵的美食及其制作过程等。美食旅游不仅是要品尝当地极具特色地理标志美食,更是要体

图3 北京慕田峪长城　　　　　　　　　Photo by Robert Nyman on Unsplash

验、感受本地人情习俗、民风食俗,或是进行美食品尝考察、食俗文化调研记录。"一方水土,一方习俗",美食本身以外的文化具有地域特有属性,只在本地域才有其文化内涵精髓,其文化精神具有不可移动性。俗话说,"不到长城非好汉,吃过烤鸭到京城",就是景观旅游与美食旅游具有地域特色属性的最好例证。北京烤鸭的工艺传遍各地,各地均有地道北京烤鸭,但是在北京品尝烤鸭的体验和感受与在别处是完全不同的,这就是美食地域特色的体现(图2、图3)。

3.2 美食旅游以饮食文化为核心要素

美食旅游,重点不在单纯的吃,不只为满足生理需求,不同于大众旅游找餐饮填腹吃饱。美食旅游重点在心理的享受,是对文化与精神追求的满足,是以饮食文化内涵为核心要素,以地域特色美食为载体而实现。在物流业高度发达的现代社会,比如纯粹为吃一只正宗北京烤鸭,完全没有必有千里"打飞的"去京城,只需要通过快递运输即可吃到。而不远千里寻味到北京,不仅是简单品尝北京烤鸭的美味,更是亲身体验帝都千年的城市历史底蕴,感受北京烤鸭与这座城市的饮食文化内涵,达到并满足美食旅游者对城市特色美食的体验、人文气息感受、社会历史调查等,即透过特色美食领悟城市文化和地域饮食文化。

3.3 美食旅游是以特色美食消费为主要支出

有些美食旅游研究者认为,美食旅游是一种小众化的特色旅游,美食旅游者数量较少。但从美食旅游所占消费比重来看,这一认识是片面的。美食旅游者以通过品尝独具地方饮食特色的地标美食,感受其当地习俗和饮食文化内涵的体验,属于个人认知发展、精神享受层次的旅游形式。大众之外,美食旅游者中的职业厨师、餐饮职业人、美食作家、美食学者、美食记者、美食发烧友、美食吃货、美食主播等人群具有很强的示范作用。虽然旅游六要素"吃、住、行、游、购、娱"中,吃排在第一位,而且美食消费占整个旅游消费支出的1/3左右,仅次于出行交通费支出[57]。但是,对于绝大部分游客来说,没人愿意花那么多路费前往一个地方只为品尝一次美食、体验感受一番饮食文化就直接返回。因此美食、美景结合,大部分的旅游者出行,对目的地的选择都是以著名的景观资源和特色地方美食结合在一起而作出选择。例如,没人愿意花不菲路费只到徽州吃一条臭鳜鱼,而不去登黄山就结束旅行返回。但在大众景观旅游中,品尝特色美食、体验饮食文化又几乎是发生在大多数旅游者的旅游过程中,也就是说大众旅游包括了美食旅游的过程。这就是回到了美食旅游界定的标准问题,是以旅游动机还是以旅游行为来界定。动机即心,属唯心;行为即迹,属唯物。动机在旅行者心里,过于主观,是很难被别人知晓清楚的;行为是事实发生的,较为客观,也容易分辨确定。学者、研究美食旅游以动机判定,商家、政府看待美食旅游以行为衡量,不管是从动机还是行为来界定,不论心迹,美食消费是一个重要的旅游支出,在整个旅游过程中除出行交通费用,占据着主导地位。

4 美食旅游概念新探

4.1 现有美食旅游概念与行业市场之间的冲突

有些学者认为美食旅游是基于美食体验动机的小众旅游,换言之,这部分人群的数量是有限的。但是,随着美食旅游这一提法的兴起,各地政府都抓住旅游发展契机,大力发展美食旅游产业,各类餐饮企业也积极加入美食旅游品牌打造,政府旅游部门把旅游餐饮都统计入美食旅游经济数据。四川甚至制定了《四川省美食旅游发展规划(2015-2025)》,依托川菜饮食,做大做强美食旅游产业。既然美食旅游是一个大产业,参与美食旅游的人群就必须要一个庞大体量,而不能仅仅局限于只有美食动机旅游的小众群体,否则大力打造的美食旅游资源仅为小部分旅游者而设计,显然是得不偿失。很显然,现实中官方以进行了美食及相关的体验消费为标准认定美食旅游行为。要解决这一冲突,就不能从动机上给美食旅游下定义,也不能片面地从行为上给美食旅游下定义,而是从美食消费的结果及其影响来为美食旅游下定义。只有从美食消费结果来反证美食旅游概念,才能实现从政府和行业层面将美食旅游作为一个旅游产业的重要内容来发展。

4.2 基于地标美食消费的美食旅游概念

通过美食旅游的特点分析,可知美食旅游中对旅游者起着消费作用的美食,不是泛众化的普通菜食,而是具有旅游目的地地域特色的代表性美食。在学术理论上，这种美食被称为地标美食。地标美食这一概念是云南省餐饮与美食行业协会在2014年首次提出的[58]。石自彬认为，地标美食即是地理标志性菜品，简称"地标菜"，是指具有原创菜品起源地文化，能代表本地域饮食特色和食俗文化内涵，菜品命名具有本地域特有文化元素标识，并有着广泛地域美誉度、社会知名度和综合影响力的典型原创地方特色美食。地标美食的概念内涵在于使用本土食材、本土调味料、本土传统烹调技法制作出的具有本土菜品风味、本土饮食文化内涵，经过一定时间的历史传承、文化沉淀、市场检验的原创本地域特色美食[59]。

地标美食是地方菜系品牌的重要组成和特色，是旅游者所希望体验的目标美食；地标美食是塑造旅游地美食名片的关键，是一个地域特色美食和饮食文化的代表，是美食旅游的重要体验内容。地标美食能加深游客对地方特色美食的喜好程度，能增强旅游地美食的知名度，提升美誉度，形成旅游地美食名片[60]。地标美食满足美食旅游者对特色美食体验所需要的一切内在元素追求，是美食旅游的终极旅游资源和产品。

将地标美食融入美食旅游的概念之中，创新对美食旅游概念的内涵，赋予新的概念定义：美食旅游是旅游者基于地标美食或地标景观等旅游资源为目标产品，前往目的地旅游并实现对地标美食及其食俗文化、美食技艺等附加项目内容进行综合体验或考察，以地标美食及附加项目消费和留下美好印象为结束的旅游活动（图4、图5）。

4.3 新美食旅游概念内涵释义

基于地标美食消费的美食旅游概念，既包括了以美食为动机的旅游活动，也不排斥以美食消费行为归属的旅游活动，同时，也符合政府、行业所倡导和打造的美食旅游发展模式，符合美食旅游作为产业经济发展的要素要求。

这一全新的美食旅游概念，一是以地标美食为核心的旅游资源和消费产品，美食旅游者最为注重的就是品尝体验当地具有人情风俗、饮食文化的美食，以及体验考察美食习俗、制作工艺等。对于美食旅游者来说，没有人会到重庆去吃北京烤鸭、去北京吃重庆火锅，因为不是各自城市的地标美食，缺少了人文气息和文化内涵。二是强调美食旅游目的地不受局限，不再是限于居住地以外，

图4　西安钟楼　　　　　　　　　　　　森山大喵/摄

图5　回民街红柳烤肉　　　　　　　　　张昊楠/摄

也可以包括常住地在内，周边游、本地游，甚至本村游都可以是以美食体验为目的的旅游。解除了以往学者对美食旅游目的地的限制，扩大了美食旅游的目的地范围，有利于本地区特色美食节活动吸引本地美食旅游者的参与，如在本地参与美食节、逛美食街等。三是不再限制旅游者的动机或行为，改以美食消费结果来衡量。以动机界定美食旅游过于狭隘，且属于个人内心活动不易确定。再有以不是美食动机为出发，而是以景观资源或其他产品为出发的旅游，但在整个旅游过程的活动中，被地标美食吸引，引发其旅游目的改变为美食而游的情况也被纳入美食旅游的范围。既然是美食旅游，对地标美食的消费自然是重中之重的内容，也是美食旅游的最终落脚和归属，通过对地标美食的消费为载体，引发对旅游地留下美好印象和深刻记忆。虽然学界研究表明大多数旅游者的美食消费占整个旅游消费的1/3左右，仅次于交通费支出。但是在很多情况下，美食消费的占比是可以被继续提高的，尤其对地标美食的及其附加产品的消费，可以成为整个旅游活动的最大消费。比如到广东餐厅消费特色野味、到川江渔船品尝特色河鲜等，这样具有旅游地文化特色的地标美食消费，其美食费用支出超过交通费支出是轻而易举的事情。因此，加大地标美食资源开发，提升美食消费水平，是美食旅游发展的重要方向。四是确定地标美食的附加项目作为美食旅游的体验内容，附加项目必须是紧紧围绕地标美食这一主轴，包括民风食俗、烹饪技艺，尤其是饮食类非物质文化遗产技艺、食材加工、食品制作等，而种植养殖、农业观光、酒饮茶业等不属于美食旅游概念范畴，应当归为农业生态旅游、酒文化茶文化专项特色旅游范围。

5 结语

中国烹饪协会发布了"中国菜"国家饮食文化整体概念，确立新的菜系评价体系，构建以省级行政区域划分的地域菜系内涵。对全国34个地域（含港澳台），确立34个地域菜系，使每个省级地域都有了自己的菜系品牌[61]，为各地方将本土地标美食融入旅游产业，发展美食旅游提供了契机和行动方向。

随着国家改革开放的进一步纵深推进，中国的大门越开越大，加之"一带一路"倡议的全球参与，以及中国旅游资源对世界的吸引力，越来越多世界各国游客来到中国旅游，感受中国地标美食，进而通过游客美食旅游的体验和感受，促进中国菜及中华饮食文化在海外传播，将中国美食、中国印象、中国故事、中国文化传播至全世界，有助于中国软实力文化提升和国家形象塑造。

一切美食旅游研究成果作为促进美食旅游产业经济发展、美食人文交流的理论推动力，美食旅游研究服务于国家战略发展、服务区域旅游发展、服务地方菜系和地标美食品牌打造。因此，以地标美食为核心所构建的美食旅游概念，适合现代美食旅游发展的需要，适合国家战略发展以及地方、行业打造美食旅游产业的需要。

基金项目

四川省教育厅高校人文社会科学重点研究基地川菜发展研究中心项目"美食旅游对重庆城市形象塑造研究"（CC18G10）；重庆市教育委员会人文社科项目"'长江经济带'国家战略背景下重庆美食之都可持续发展研究"（17SKG293）。

参考文献

[1] 李晓英.美食旅游绿色发展研究——以大连为例[J].经济研究导刊，2010（24）：129-130.

[2] 欧阳光.旅游扶贫应重视发掘美食文化[J].社会主义论坛，2018（05）：40-41.

[3] 吴仁安.历史考察旅游纵横谈[J].西北大学学报，哲学社会科学版，1987（02）：113-116.

[4] 陈政勇.发展广东旅游业应重视水景资源的开发利用[J].广州市财贸管理干部学院学报，1988（02）：67-73,79.

[5] 张代英.把旅游餐饮质量作为突出问题来抓[J].旅游科学，1994（01）：18-20.

[6] 章采烈.中国美食特色旅游[M].北京：对外经济贸易大学出版社，1997.

[7] 迟景才.旅游经济探索[M].广东旅游出版社，1998.

[8] 陈朵灵，项怡娴.美食旅游研究综述[J].旅游研究，2017，9（02）：77-87.

[9] 袁文军，晋孟雨，石美玉.美食旅游的概念辨析——基于文献综述的思考[J].四川旅游学院学报，2018（02）：37-41.

[10] 同[9].

[11] Hall C. M. , et al.Food Tourism Around the World: Development, Management and Markets [M]. Oxford: Butterworth-Heinemann, 2003.

[12] Boniface P. Tasting Tourism: Travelling for Food and Drink [M]. Hampshire: Ashgate Publishing Limited, 2003.

[13] Long L. Culinary Tourism (Material Worlds) [M]. Lexington: The University Press of Kentucky, 2004.

[14] Shenoy S. Food Tourism and the Culinary Tourist [D]. Clemson University, 2005.

[15] Ignatov E., Smith S. Segmenting Canadian culinary tourists[J]. Current Issues in Tourism, 2006, 9(3): 235-255.

[16] 王晓文. 试论饮食文化资源的旅游开发——以福州为例[J]. 福建师范大学学报(哲学社会科学版), 2001(03): 112-116.

[17] 蒲若梅. 叫响辽宁"美食旅游"[N]. 辽宁日报, 2001-01-18: (A02).

[18] 同[6].

[19] 同[7].

[20] 管婧婧. 国外美食与旅游研究述评——兼谈美食旅游概念泛化现象[J]. 旅游学刊, 2012, 27(10): 85-92.

[21] 刘秀珍. "美食旅游"概念泛化现象研究[J]. 旅游纵览(下半月), 2013(10): 161-162.

[22] 同[8].

[23] 同[9].

[24] 傅文伟. 论我国旅游开发与环境管理[J]. 经济地理, 1994(01): 79-81.

[25] 同[16].

[26] 翁毅. 福建省美食旅游开发研究[D]. 福建师范大学, 2004.

[27] 王雪莲, 吴忠军, 钟扬. 美食旅游市场需求分析——以桂林世界美食博览园为例[J]. 乐山师范学院学报, 2007(05): 55-58.

[28] 李亚东, 徐广平. 中国饮食文化的继承与发展[J]. 烹调知识, 2006(10): 8-9.

[29] 张源. 成都美食旅游研究[D]. 复旦大学, 2008.

[30] 周书云. 旅游视角下地方饮食文化开发措施探析[J]. 黑河学刊, 2010(08): 5-7, 9.

[31] 吴晓东. 休闲经济视角下我国美食旅游的发展对策[J]. 中国商贸, 2010(19): 141-142.

[32] 张涛. 美食节感知质量及提升策略研究[J]. 旅游学刊, 2010, 25(12): 58-62.

[33] 许凌云. 衡阳美食旅游资源的调查及开发[J]. 湖南环境生物职业技术学院学报, 2011, 17(01): 48-51.

[34] 王小敏. 浙江美食旅游的开发[J]. 四川烹饪高等专科学校学报, 2011(04): 67-70.

[35] 于振涛. 广西美食旅游项目开发研究初探[J]. 南宁职业技术学院学报, 2012, 17(03): 5-8.

[36] 韩燕平. 洞庭湖区大力发展特色湘菜美食旅游研究[J]. 岳阳职业技术学院学报, 2012, 27(03): 38-41.

[37] 朱万春. 贵州省美食旅游开发研究[J]. 现代商贸工业, 2013, 25(20): 52-54.

[38] 陈小连. 澳门美食旅游的典型元素分析[J]. 中国商贸, 2013(06): 121-123.

[39] 杨绪光. 淮安美食旅游开发初探[J]. 全国商情(理论研究), 2013(01): 10-11.

[40] 同[21].

[41] 盛颐, 张侨. 三亚美食旅游开发研究[J]. 科协论坛(下半月), 2013(08): 145-147.

[42] 蒋婷, 朱海涛. 区域美食旅游的设计开发与评价——以济南市为例[J]. 济南大学学报(社会科学版), 2014, 24(04): 85-90.

[43] 张丽, 孙小帅. 淮安美食旅游开发现状及对策分析[J]. 中国集体经济, 2014(36): 153-154.

[44] 赵豫西, 冉杰. 国民休闲视角下美食旅游开发策略研究[J]. 特区经济, 2015(03): 84-85.

[45] 孙爽. 海南省美食旅游发展的几点思考[J]. 经济研究导刊, 2015(17): 106-107.

[46] 汪丽珍, 周晓雷. 上饶美食旅游开发探讨[J]. 现代经济信息, 2015(11): 331-332.

[47] 李东祎, 张伸阳. 基于IPA分析的游客美食旅游价值感知研究[J]. 旅游研究, 2016, 8(05): 49-55.

[48] 季雅洁. 芜湖美食旅游发展现状及开发对策研究[J]. 中国集体经济, 2016(36): 123-125.

[49] 潘俊. 镇江美食旅游开发策略[J]. 美食研究, 2016, 33(04): 38-42.

[50] 王昭. 辽宁美食旅游开发策略[J]. 现代经济信息, 2017(21): 471-472, 474.

[51] 张珊珊, 武传表. 全域旅游背景下辽宁省美食旅游节SWOT分析与对策研究[J]. 北方经济, 2018(07): 65-68.

[52] 同[9].

[53] 欧阳光. 旅游扶贫应重视发掘美食文化[J]. 社会主义论坛, 2018(05): 40-41.

[54] 刘丽华, 胡晓笋, 李淑梅. 京津冀美食旅游一体化发展研究[J]. 合作经济与科技, 2018(02): 14-16.

[55] 张骏, 侯兵. 基于美食旅游视角的乡村旅游者类型及特点研究[J]. 美食研究, 2018, 35(02): 18-23, 31.

[56] 同[31].

[57] 同[31].

[58] 李嘉林. 省餐美协推荐12道菜上"地标"[N]. 云南信息报, 2014-11-18(D10).

[59] 石自彬. 地标菜概念运用及功能探析[J]. 江苏调味副食品, 2018(01): 41-44.

[60] 同[59].

[61] 中国烹饪协会向世界发布"中国菜"汇聚340道名菜273席名宴[EB/OL]. [2018-09-10] http://www.ha.xinhuanet.com/reporter/reporternews/2018-09/10/c_1123408229.htm.

刍议河北美食旅游的开发与规划设计
Discussion on the Development, Planning and Design of Culinary Tourism in Hebei Province

文 / 王 鹏

【摘 要】

本文通过对河北饮食发展历史的梳理，结合美食旅游开发与规划设计的需要，对生理需要与精神享受的完美结合、商业性与原真性的高度融合、地方特色与全域品牌的成功契合等问题进行了深入分析研究，提出了挖掘冀菜饮食文化内涵，提升冀菜质量水平；注入时代元素，注重非遗保护；展现流派魅力，打造冀菜品牌的对策建议，对河北开展美食旅游活动作了有益的探索。

【关键词】

美食旅游；冀菜；规划设计；河北省

【作者简介】

王 鹏 河北石家庄铁路职业技术学院副教授

图1 刘伶醉酒的发酵过程　　　　　　　　　　　孟紫玉/摄

1 河北饮食历史发展综述

河北，简称"冀"，地处黄河北岸的华北平原，东临渤海，毗邻京津，西倚太行，北枕燕山，是国内唯一集高原、山地、丘陵、盆地、平原、草原和海滨地貌于一体的省份。另外，河北还是中华文明的肇始之地，三位中华人文初祖——黄帝、炎帝和蚩尤，在此地由征战到融合，开创了璀璨的中华文明史。

古人云："民以食为天。"饮食在中国的文明史上留下了浓墨重彩的一章，以至于中国的饮食在世界上称为最突出的文化，这不仅是因为历史的久远、技艺的精湛，更是因为它还拥有超越了生理需要的人文情怀和丰富而深刻的哲学内涵。物华天宝、人杰地灵的河北更是拥有着悠久的饮食文明史。

在生产方面，农牧业生产历史悠久，为河北饮食发展打下了良好基础。温带季风气候使河北四季分明、动植物资源丰富。在7800多年以前的武安磁山遗址中就挖掘出了许多农业生产工具和粮食加工工具，而石器、陶盂、陶支架等器物和储粮窖穴更证明在当时河北已有了比较发达的农业和手工业。由此也为饲养家畜提供了物质条件，遗址中出土的猪、羊等家畜骨骼便是力证。另据考古发现，在春秋战国时期，河北中西部的中山国就已能养鱼。

在食的方面，创新与融合并重，促进河北饮食不断发展。据《古史考》记载："黄帝始造釜甑，火食之道成矣。"因此可知，从那时起，河北人民就结束了历经几十万年之久的烘烤、石烹方式，开创了使用以水作热量传导介质的蒸煮法和气蒸法的先河。最迟到春秋战国时期，青铜器和漆器制成的饪食器和饮食器便开始取代陶制的炊具、饮食器，在实用性和美观性上对河北饮食的发展都是大有裨益的。西汉时期，更是在使用动物油脂的基础上，又创新性地开始使用植物油脂，豆油、麻油、黄酱等已在烹饪中较为常用。各种新元素的不断注入推动了河北地区饮食的发展。另外，河北饮食在自身创新的基础上还不断融合了各种外来元素。例如，张骞、班超出使西域，促进了汉族与少数民族的交往，苜蓿、胡瓜、胡豆、胡椒、胡麻、胡桃、胡萝卜等许多西域的烹饪原料传入了中原地区。其中胡瓜即黄瓜，引进中原后就被率先在河北一带种植，并以此入馔，至今河北还有"黄瓜宴"。

在饮的方面，酒文化源远流长，造就了河北饮食的别样韵味。通过对7800多年以前的武安磁山遗址的考古发掘，发现当时河北先民已掌握了原始酿酒技术，并制造出了相应的陶瓷酒器。这是河北饮食文化历史上一个重要的里程碑。在商代，河北平原一些区域已经掌握了用人工酒曲酿造谷物酒（类似黄酒）的先进技术，在藁城台西发现的商代酿酒作坊遗址中就出土了酒曲的残骸。春秋战国时期，河北地区出现了运用榨滤技术对谷物酒进行过滤的工艺，河北省平山县三汉中山王墓出土的两壶战国古酒，已成为目前世界上发现的保存年代最久的酒。元代，随着大批北方少数民族和西域色目人的内迁，河北地区出现了葡萄酒、梨果酒、奶酒的酿造技术，丰富了人们的选择，也使河北饮食平添了几分独特的韵味（图1）。

农业畜牧业的发达、烹饪的不断发展和酿造等副业的兴旺，为河北饮食发展创造了有利条件。可以说一桌菜肴浓缩的是河北的历史，一口珍馐品出的是燕赵的风情。随着旅游业不断发展，主题旅游已成为一大趋势，如何开发利用好丰富的美食旅游资源，规划设计出富有河北特色的主题旅游产品，已成为时代赋予人们的一个重大课题。

2 河北旅游业现状与美食旅游开发设计中的问题

据统计，河北省现有各级各类景区景点400多个，其中包括世界文化遗产3处、国家级历史文化名城5座、中国优秀旅游城市4座、国家级风景名胜区7处、国家级森林公园11处、国家级自然保护区5处、全国AAAA级景区23处、入选全国旅游胜地四十佳3处、全国十大风景名胜2处。璀璨的历史文化与秀美的湖光山色交相辉映，无论是数量规模，还是价值品位，河北都堪称全国的旅游资源大省。"一带一路"和京津冀协同发展战略、环渤海地区合作发展、北京张家口2022年冬奥会等，又为河北旅游业实现跨越发展提供了千载难逢的历史机遇。依据《河北省旅游业"十三五"发展规划》，河北将按照"一圈两带多点"空间结构，突出打造一个环首都休闲度假旅游圈，沿燕山—太行山、沿渤海2个休闲度假旅游带，10个以上国家全域旅游示范区，100个精品旅游景区，1000个旅游重点项目。力争使河北从旅游资源大省转变为旅游产业强省。

丰富多样的旅游资源、千载难逢的历史机遇和政府的高度重视也给河北开发美食旅游产品创造了优良的外部条件。但河北美食旅游产品开发存在诸多的复杂问题严重制约了这一项目的顺利开展，最为突出的表现在以下三个方面。

2.1 文化内涵挖掘不够

美食旅游项目的开发与规划设计要注意的第一个问题就是如何实现生理需要与精神享受的完美结合。"吃"是人类最基本的生理需要，但作为旅游动机，"吃"就不能只是停留在满足最基本生理需要的层面，而是要上升到精神需求的层面。旅游者的出游目的是品尝美食更是要满足求新、求知、求交流的欲望，甚至是在某种程度上实现自我的价值。

在现有的美食旅游产品中，能够将生理需要与精神享受进行深度融合的不多。很多时候，美食只是旅游的附属品而不是主题，在观光、休闲之余，美食作为一种诱因更多的只是发挥了锦上添花的作用。饮食哲理对人生的启迪与餐饮礼仪的教化作用并没有得到很好的开发利用，致使河北的美食旅游产品没有深度，更没有知名度。究其原委，最重要的就是文化内涵挖掘不够，使得产品显得肤浅、单薄。

例如，有"中国成语典故之都"和"中国散文之城"美称的邯郸，旅游资源丰富，有武灵丛台、赵王城、学步桥、兰陵王墓、太极拳、成语典故等诸多著名景点景区和非物质文化遗产。其设计开发的古文化之旅（胡服骑射发祥地——武灵丛台，寿陵少年学步地——学步桥，廉颇、蔺相如将相和的发生地——回车巷，览古赵文化、品成语飘香——赵苑公园）无不透着浓浓的历史文化气息。磁州窑之旅（中国磁州窑博物馆—磁州窑盐店遗址—富田遗址—南北响堂山石窟—元宝山）则展现了邯郸的艺术魅力。太行山之旅（武安市京娘湖—长寿村—古武当山—朝阳沟）令人领略了邯郸的自然之美。但博大精深的"赵都"饮食文化却没有单独开发出来，早在魏晋时期即被列为贡品的马头天福酥鱼，已有近百年历史的"驴灌肠"、邯郸赵国风味小吃一篓油水饺等都只是作为单独的餐饮产品出售，没能够深刻而巧妙地将各自背后所蕴含的历史文化价值进行开发设计，并将其组合成主题旅游产品示人。

2.2 原真性与商业性的不协调

美食旅游属于文化事件类旅游项目，而在这类项目的开发与规划设计中最忌讳的就是过度商业化。例如在华北地区流行甚广的传统小吃——驴肉火烧（图2），据史书记载，它起源于河北餐饮文化中心和冀菜发源地保定，有近六百年的历史。民间有"天上龙肉，地下驴肉"的说法，而最为正宗的"驴肉火烧"所选用的是渤海驴的驴脸肉，因为这个部位的肉最为细嫩，加以外脆里嫩的火烧和肉汤淀粉熬制的焖子，再配上古城保定老字号的"大慈阁"酱菜和小米粥，吃起来可谓回味无穷。因为它营养味美、价位亲民，以及对制作和经营场地要求不高，所以在华北地区的大街小巷随处可见驴肉火烧的店铺。然而能够从选料到制作全过程严格保留驴肉火烧传统做法的店铺可说得上是凤毛麟角，这种过度的商业化虽然营造了规模效益，占据了大量的市场份额，但对传统美食的原真性的忽略无益于其日后的发展。很多驴肉火烧店除了火烧之外还有各种以驴肉为食材的餐饮产品，但也是因为经济利益的原因在制作和经营中没能很好地开发出一整套主题特色产品。

很多具有河北地方特色的饮食其实都存在这一问题，即没能够将自身优质的资源开发成为一个主题系列产品，更多的还是以独立个体的形式出现，一桌宴席更多的是拼凑缺乏原真性和商业性的完美结合。从设计、推广到经营，都缺乏先进理念的指引，这与河北营商环境和燕赵文化中重义轻利的传统有很大关系。研究表明，商业性与原真性的融合可以很好地满足消费者的消费欲望，可以增加品牌忠诚度，可以激发企业的创造力，所以必须重视原真性与商业性的协调问题。

2.3 没有形成品牌效应

中国幅员辽阔、物产丰富，使得不同地域的人们因气候、物产、历史和风俗的不同各自创造出了具有本地域品牌特色的饮食文化。以名扬天下的川菜为例，四川地区特殊的气候条件使得当地人钟爱麻辣口味，虽然"麻"的口味不是所有人都能接受的，但这并没有阻碍四川成为美食王国，因为川菜中除了"麻辣"口味外，还有"鱼香""家常""怪味"等口味可以满足不同食客的需求。因此"一菜一格，百菜百味"成为川菜整体品牌形象，并形成了川菜博大、多变、受众广的特点。

河北环抱京津，优越的地理位置使河北成为吸纳中国近代文化最方便的省份，南北饮食流派在这里汇集，各地烹饪精华在这里交融，使得

图2 火烧皮的制作　　　图片来源：缘味保定

冀菜兼容并蓄、包容性强，但也正因如此，自身特点反倒不够鲜明，始终没有树立起河北饮食的品牌。

3 河北美食旅游规划与设计探索

3.1 在设计上要注重内涵挖掘

深入挖掘冀菜饮食文化内涵，提升冀菜质量水平是解决如何将旅游者物质需要上升为精神享受的有效途径。饮食文化是地域文化的折射，河北自古就是游牧文明与农耕文明冲突最为激烈之地，因此在饮食文化上也呈现了迥异的风格。比如河北地理形态多样山珍海味出产丰富，但为了达到最佳菜肴制作效果，在食材上讲究的是博采与严选。河北民风淳朴，但作为京畿重地受官廷礼制影响较深，在饮食文化中体现的便是丰俭并重（图3）。因此要深入挖掘这些地域文化的内涵，以此提升美食旅游产品的文化价值。

河北古称燕赵，燕赵文化决定了河北饮食的独特气质。例如"慷慨悲歌"的忧患意识，不仅是国家兴亡、匹夫有责的侠义情怀，更是弘扬燕赵饮食的一种责任感和使命感。荀子的"和乐精神"认为人是有精神需要的，因为精神上的满足是可以令人愉悦的，且这种愉悦感是无法用物质需要的满足来代替的。以"胡服骑射"为代表的变革精神，赋予河北饮食以时移世易的自觉，可以在不同的时空环境中不断进行创新。燕赵文化"致广大而尽精微"的精神，成就了不同民族饮食风味的和谐共存，展现了河北饮食文化包容天下的胸怀，通过不同口味、技法和食材的有机搭配展现河北饮食文化中为我所用的智慧。

因此"精""美""情""礼"就是河北饮食文化的内涵所在。孔子

图3 保定易县清西陵寝门　　图片来源：摄图网

图4 李鸿章烩菜　　图片来源：保定会馆官微菜品推荐

图5 直隶腌核桃　　图片来源：保定会馆官微菜品推荐

曰："食不厌精，脍不厌细"，这反映了中国人对于饮食的精品意识。在选料、烹调、配伍乃至饮食环境上都要从"精"字入手。饮食活动形式与内容要"美"，要给人带来审美愉悦和精神享受。美要贯穿在饮食活动过程的每一个环节中，例如饮食器具、礼仪等。通过饮食活动，有效交流情感使人获得喜悦和满足，是"情"之所系。之所以说美食之旅是物质需要上升为精神享受的产物，是因为餐饮活动在中国已上升成为一种社交活动，人们除了得到食物带来的满足外，还可以在进餐过程中沟通思想、交流情感，满足社会心理需要。中国饮食讲究"礼"，它是一种精神，一种内在的伦理精神，构成中国饮食文明的逻辑起点。

3.2 在开发上要注重保护传承

美食主题旅游的开发与设计要与时俱进，但不论何时都不能将传统丢弃，而是要在适当引入新理念、新科技的同时更好地传承保护本地域、本民族的文化。在开发上要注重对传统文化的保护和传承。2011年6月1日实施的《中华人民共和国非物质文化遗产法》，就明确规定"保护非物质文化遗产，应当注重其真实性、整体性和传承性，有利于增强中华民族的文化认同，有利于维护国家统一和民族团结，有利于促进社会和谐和可持续发展；使用非物质文化遗产，应当尊重其形式和内涵"。饮食文化正是一种典型的非物质文化遗产，注重保护与传承既是一种法律义务，也是一种科学的观念。

据此，在河北美食旅游资源的保护传承中首先要梳理冀菜饮食文化的根源与脉络，将冀菜各流派的风格特点进行对比分析，研究如何利用新的文化元素和烹饪技术对传统菜肴进行创新。其次要利用新旧媒体形式，宣传河北饮食文化，形成文化认同，并积极开发相关的文化产品，使美食旅游产品线的宽度与长度更加合理。最后积极申报各项非遗项目，并利用各种论坛、技能大赛或是展会的机会与其他地域、行业的专家学者进行沟通交流，使河北美食主题旅游的开发更加科学合理，更具可持续性。

3.3 在运营上打造冀菜品牌

河北是旅游资源大省，拥有璀璨的历史文化、壮美的自然风光、绚丽的民俗风情以及享誉全国的红色文化，在发展旅游产业方面具有独特优势。河北的饮食制作风格特点可以归纳为：以三个香型（酱香、浓香、清香）为主；用料广，选料严，烹调技艺全；注重火候和入味，注重质感和味感，注重营养和美感；善用浆、糊、汁芡、明油亮芡；擅长刀工和熘炒菜。2006年10月，由当时的国家商务部、中国烹饪协会、中国饭店协会在陕西西安市举办的第二届中国餐饮业博览会新菜系大赛中，"冀菜"成为大会组委会评定授予的唯一中国新菜系，从此也开启了河北饮食历史的新纪元。

在河北美食主题旅游开发与设计中，要打造"冀"品牌，做好"食"文章。

首先要树立"冀"主题。2012年6月，经过全国征集、层层筛选、多轮评审，河北省政府审定"诚义燕赵·胜境河北"成为河北旅游主题宣传口号。近年来河北旅游也在紧密围绕这一宣传口号开展各类推广活动，使得河北旅游的形象家喻户晓。所以在美食旅游的开发与设计中要仍然坚持以"诚""义"为产品的精神内涵，以此体现河北美食的自然和健康，体现河北人民的淳朴、好客。

其次要突出特色。冀菜由三大流派组成，首屈一指的便是直隶官府菜。直隶官府菜的突出特点是口味酱香浓郁、器皿华贵大气、文化内涵丰富。它是来自于民间，形成于官府，升华在宫廷。自雍正到宣统的187年历史中，有八代皇帝及慈禧太后到保定巡视，品尝过直隶官府菜，在数百年历史长河中形成了独特的直隶官府菜饮食文化，曾影响过整个北方菜系。直隶官府菜，河北特色明显，饮食文化丰富，最具品牌推广价值。因此在美食主题旅游品牌的打造中要突出其"精致"的特色。第二个冀菜流派是塞外宫廷菜，因为承德避暑山庄和外八庙的兴建，使得宫廷菜和塞外地方菜得以交融，乾隆皇帝曾为承德裘翠楼饭庄题词"名震塞外三千里，味压江南十二楼"，可见当时宫廷塞外菜之繁盛。承德的宫廷菜有别于京城御膳，是满、汉、回、蒙等民族菜点的集萃。多以山珍野味为主料，口味酥鲜香、技法独特考究。因此在美食主题旅游品牌的打造中要突出其"民族"的特色。第三个流派是冀东菜，以烹制鲜活水产见长，将冀东民间文化、地方特产与烹饪技艺有机融合，口味清鲜，讲究清油抱芡，明油亮芡，配以精美搪瓷，别具风格。因此在美食主题旅游品牌的打造中要突出其"家常"的特色（图4、图5）。

最后，要合理定位。直隶官府菜精致大气、格调高雅，宜将其定位在高端消费市场；塞外宫廷菜富有民族特色、风味独特，宜将其定位在中端消费市场；冀东菜口味适中，经济实惠，宜将其定位在低端消费市场。这三个流派分别以保定、承德和唐山为中心，将河北南北旅游资源很好地串联起来，旅游者可以一路赏不同风景、品特色美食，尽情体验冀菜魅力。

总之，美食旅游的开发与设计，要呈现河北饮食文化的多元性，将"饮德食和、万邦同乐"的哲学思想贯穿其间，注重开发地域饮食文化特色，只有这样才能打造出适应市场需求的主题旅游产品。

参考文献

[1] 周鸿承.中国饮食文化研究历程回顾与历史检视[J].美食研究,2018(1):14-18.

[2] 陈娇芸.中国传统饮食文化的当代价值及实现路径[J].淮海工学院学报（人文社会科学版）,2018(2):87-90.

[3] 张晓楠.基于体验经济的饮食文化旅游产业研究[J].旅游管理研究,2018(7):26.

[4] 李华强.石家庄清真寺街饮食文化现象分析研究[D].新疆师范大学,2017.

[5] 曾国军,陆汝瑞.原真性与标准化悖论:饮食文化的消费情境与生产者响应[J].旅游导刊,2017(1):30-33.

全域旅游背景下哈尔滨市旅游餐饮发展现状及对策研究

Research on the Development and Strategy of Harbin's Tourism Catering in the Context of Holistic Tourism

文 / 汤 姿

【摘 要】

旅游餐饮是饮食文化传播的主要载体和平台,已成为区域形象营销的重要策略之一。哈尔滨市旅游餐饮主要有哈埠菜、西餐、老字号小吃、多元化饮食等种类。目前,哈尔滨市旅游餐饮持续平稳发展,市场消费活跃,主题餐厅兴起。但是,也存在着缺乏深度开发、同质竞争严重、营销宣传不够等问题。在全域旅游背景下,从政府行业引导、提升餐饮品质、强化宣传推介等方面入手,推进"旅游+餐饮"融合发展,塑造哈尔滨市全域旅游餐饮品牌形象。

【关键词】

旅游餐饮;全域旅游;美食旅游;哈埠菜

【作者简介】

汤 姿 哈尔滨商业大学旅游烹饪学院副教授

图1 哈埠菜　　　　　　　　　　　　　　　　　　　　　图片来源：作者提供

1 导言

作为冰城夏都，哈尔滨市正在从景区景点的单极旅游逐步向全域旅游多极拓展，实现从"冬强夏弱"到"两季繁荣、四季发展"。作为旅游六要素之一，餐饮在旅游服务中占有重要地位，直接影响着游客对旅游过程的满意度。餐饮也是旅游收入的主要来源，对旅游目的地的经济发展具有重要作用[1]。同时，作为重要的旅游吸引物，旅游餐饮在宣传地方特色美食、弘扬地方饮食文化方面扮演着重要角色。自20世纪90年代以来，经过市场化竞争和社会多元化发展，哈尔滨市的旅游餐饮业保持了良好的发展态势，规模不断扩大、服务网点逐渐增多、经济增长势头强劲，对提高人们生活品质、增加社会就业率，促进社会经济发展作出了显著贡献，成为哈尔滨市新的经济增长点[2]。

在全域旅游发展背景下，餐饮要与旅游形成"同频共振"，成为全域旅游的助推器。2018年9月，黑龙江省政府与联合国世界旅游组织联合签署了《黑龙江省全域旅游发展总体规划编制协议》，提出要"培育一批特色旅游餐饮品牌"；同月，黑龙江省人民政府《关于发展全域旅游建设旅游强省的意见》中也提出"依托本省资源优势，深度开发养生、健康美食系列，大力发展龙江特色餐饮，形成优质、便捷、经济的旅游餐饮服务网络；深入挖掘地方传统厨艺，做精、做细、做优龙江特色餐饮品牌"。作为黑龙江省龙头的哈尔滨市，有责任有能力引领全省旅游业进入全域时代，而旅游餐饮发展首当其冲，为哈尔滨市旅游餐饮发展提供了良好的机遇和发展前景。

2 哈尔滨市旅游餐饮种类

2.1 浓郁关东风味的哈埠菜

哈埠菜以东北菜和龙江菜为基础，主要采用当地原料，其口味以咸为主，略带酸甜辣，形成浓香熟烂、油而不腻的特色。历史上金元时期和清代的饮食、闯关东带来的中原饮食、中东铁路带来的西餐，以及一千年来的官府、食肆及民间菜，形成了关东风味浓郁的哈埠菜。目前，哈埠菜已有300余款，有农家菜、传统菜、特色菜、冰雪宴、鱼宴、飞龙宴等（图1）。2014年，经哈尔滨市饭店烹饪协会评选，锅包肉、熘双段、香烤大马哈等155道菜品被认定为哈埠特色菜，满汉楼、老厨家、白家馆等29家餐饮企业被认定为哈埠菜特色饭店[3]。

2.2 中西合璧的俄式西餐

伴随着中东铁路的修建，先后有来自33个国家和地区的16万侨民聚集于哈尔滨，带来了风格多样的饮食习俗，也形成了中西合璧的西餐饮食文化[4]。目前，哈尔滨市正宗的俄式餐馆较多，主要集中在中央大街附近（图2），如马迭尔餐厅、华梅西餐厅、波特曼西餐厅、塔道斯西餐厅、露西亚咖啡西餐厅等。同时，外来饮食文化对哈尔滨传统的饮食模式产生了巨大影响，啤酒、格瓦斯、大列巴、红肠等已融入百姓的日常饮食生活之中。

2.3 独具特色的老字号餐饮

20世纪初期，在哈尔滨市道外区的大街小巷里，孕育着许多流传至今的菜点，是哈尔滨餐饮老店的原始聚集区。目前，哈尔滨市正在全力打造老道外中华巴洛克历史文化街区，汇聚了众多老字号知名小吃，聚集了哈尔滨本土百年美食。如张包铺的包子、范记永的三鲜饺子、清香阁的山东包子、馥香春的锅烙、俊发馆的水爆肚、老鼎丰的糕点、老仁义的蒸饺、红光馄饨馆等特色小吃在哈尔滨市家喻户晓（图3、图4）。

2.4 兼收并蓄的多元化饮食

伴随着市场开放，粤菜、川菜、苏菜、湘菜等越来越多的餐饮流派进入哈尔滨市，肯德基、麦当劳、汉堡王等

图2 哈尔滨中央大街　　王子孺/摄

图3 张包铺　　图片来源：作者提供

图4 李氏熏酱老街砂锅居　　图片来源：作者提供

洋快餐也相继涌入，全国各地品牌餐饮连锁店、专营店等日益增多，也体现了哈尔滨市餐饮文化的多元化发展特色。目前，哈尔滨市餐饮市场经营形式多样，中餐店、西餐店、日韩料理、休闲餐厅、主题餐厅、快餐店、连锁店、家常风味店、大排档、夜市小吃等，满足了不同层次旅游消费者的需求。

3 哈尔滨市旅游餐饮发展现状

3.1 持续平稳发展

随着国民经济快速增长，以及城乡居民收入水平提高，哈尔滨市餐饮市场表现出平稳快速增长的态势。2005年，全市餐饮业实现零售额86.3亿元，占全社会消费品零售总额的比重为10.95%；2017年达到579.1亿元，占全社会消费品零售总额的比重达到14.32%。2016年，哈尔滨市有限额以上餐饮企业198个，从业人数14485人，营业额达到30.33亿元[5]。大批活跃的美食企业、行业协会构成了哈尔滨市旅游餐饮产业的主体，大众化餐饮保持较高发展态势。东方合众、年记、星期天、晓荷塘餐、张亮餐饮、辣莊、家佳悦等位列2017年度中国餐饮百强企业[6]。总体来看，行业总体规模继续扩大，餐饮业结构趋于合理。

3.2 市场消费活跃

哈尔滨市每年举办的消夏美食节、冰雪美食节、国际啤酒节等节庆活动以及每逢节假日举办的多项美食活动，进一步活跃了旅游餐饮消费市场。同时，随着人们收入水平的不断提升以及生活节奏的加快，人们更加追求方便快捷、健康营养的饮食方式，在外饮食消费渐成时尚。2011年，城镇居民和农村居民家庭对饮食服务人均年消费支出分别为1063.5元和135.6元，到2016年，这两项支出分别达到1832.1元和281.7元，分别增长了72.27%和107.74%[7]。餐饮消费已成为拉动消费需求稳定增长的重要力量。假日经济的发展和会展等商务活动的日益增加及价格上涨，推动了旅游餐饮市场的活跃程度。

3.3 主题餐厅兴起

为满足消费者个性化需求，许多餐饮企业都进行了各具文化特色的设计，针对一定阶层和消费群体的主题化餐馆纷纷出现。如小资再现港式茶餐厅是专为白领阶层量身定做的新派港式餐厅，红事会餐饮有限公司针对的是婚庆、生日等喜庆事件，随缘居素食府是以主营斋饭和素食的天然素食府，中华巴洛克街区以老字号小吃为主，龙江第一村是以经营淡水鱼宴为主的专门村落。而随着抖音等短视频兴起，胡同里京味烤肉等各种网红美食和餐厅也纷纷在哈尔滨开业，吸引着年轻食客追捧打卡。主题化、个性化、特色化餐馆成为广大消费者和企业经营共同追求的时尚。

4 哈尔滨市旅游餐饮发展存在的问题

4.1 缺乏深度开发

目前，哈尔滨市旅游餐饮企业形成了从多功能酒店到单一饭店直至路边小吃的多层次发展格局，但一些旅游餐饮企业还没有形成自己的文化内涵，缺乏明确市场定位和深度开发，没有形成品牌化、连锁化、规模化经营。哈尔滨市一些老字号小吃和特色佳肴由于年代变迁、本小利薄、传承困难、棚改拆迁、缺乏资金支持、竞争力不足等原因，陷入经营困境，甚至倒闭。

4.2 同质竞争严重

哈尔滨市部分旅游餐饮企业靠盲目跟风、低价位、新颖店名、特异包装来吸引消费者，一些菜肴给人以千人一面的感觉，一个新的菜品出来后竞相模仿；也不重视酒店文化建设，从内部装修到服务细节都比较粗糙，这已经成为许多旅游餐饮企业发展的瓶颈。而一些网红餐厅，盲目品牌跟风，缺乏差异化，不计代价地融资、套现，而不看重如何运营，导致饮食口味不尽如人意，难以形成复购，红极一时之后就逐渐被人淡忘。

4.3 营销宣传不够

对电视、网络等媒体的调查显示，哈尔滨市旅游广告更多展示的是旅游景区、景点和线路，对地方餐饮的宣传力度还不够，使得外地游客对哈尔滨的饮食停留在仅有东北菜的认识，而对其他餐饮种类了解不深。虽然哈尔滨也举办过"东北美食节""西餐文化节""全球美食狂欢节"等，但展示更多的是外地的名吃，对哈尔滨旅游饮食文化内涵挖掘和展示不够。

5 全域旅游背景下哈尔滨市旅游餐饮发展对策

5.1 政府行业引导

哈尔滨市各级政府和行业协会应把餐饮作为全域旅游发展的亮点之一，给予高度重视和策划引导。在打造哈埠菜品牌的同时，要建立旅游、环保、工商、物价、财政、税务、卫生、质监、城建和文化等多部门参与的协调机制，积极扶持旅游餐饮业的发展。同时，食药监部门要加大市场监管力度，保证餐饮食品安全，积极整治虚假宣传、不明码标价等行为，杜绝类似"天价鱼"事件发生，维护消费者合法权益，积极营造良好的消费环境。2018年10月，黑龙江省物价局发布了《黑龙江省旅游业明码标价规定（试行）》，规定旅游餐饮经营者应当实行"餐前消费确认"[8]。这有助于防止餐饮服务价格欺诈，让消费者放心消费。其效果值得期待，做法也值得推广。围绕"龙江陆海丝绸之路经济带"建设，促进老字号企业改造升级，支持老字号企业"走出去"，解决融资难题，扩大经营规模，应充分发挥哈尔滨市烹饪协会、饭店协会的作用，通过举办各种形式的技术比赛、美食节、新菜品展示会、培训班、同行交流等，培养出一批烹饪基本功扎实、掌握本地菜肴特性、精通营养卫生知识、善于学习借鉴的厨师队伍。鼓励旅游餐饮企业与相关院校、研究机构合作，以哈尔滨市高校烹饪专业、食品专业、旅游专业以及旅游餐饮职业学校为依托，建立"培训学院"，共同探讨烹饪技艺和餐饮管理方法，培养从事旅游餐饮市场研究、制作、营销、管理的专业人才，为旅游餐饮企业提供高素质的人才储备。

5.2 提升餐饮品质

发展全域旅游为哈尔滨市旅游餐饮带来了新机遇。由于哈尔滨市旅游餐饮业包容广，中西菜系都能在哈尔滨交汇融合，旅游餐饮市场反应迅速，并能不断研发新的菜品。旅游餐饮企业要保证产品质量，通过合理的配膳和烹饪，在保证菜品卫生和营养的前提下，提高菜品在卫生、营养和感官性状等方面的质量；要重视产品开发创新，利用天然绿色的东北食材，深度开发具有养生和保健功效的菜品，做精、做细、做优龙江特色餐饮品牌，营造"色、香、味、形、质、意、器、养、净"的就餐环境，突出哈尔滨市旅游餐饮产品的地方特色和文化内涵，使产品更具有生命力。同时，实施品牌发展战略，确定品牌的核心价值。哈埠菜要突出菜肴原材料的"绿色餐饮"品牌特性，集绿色天然、滋补强身、味美价廉于一体，迎合现代人追求健康、注重养生的生活方式，加强餐饮文化开发，提高餐饮产品的附加值。无论本土还是网红餐厅，要从味道、质量、服务、体验、环境、文化、性价比等综合方面，从做表面功夫转向提高企业的核心竞争力。老字号餐饮企业也要在维护品牌的同时，积极注册商标，避免再出现"一个'秋林'三家申报"的中华老字号品牌之争事件，要通过协商，互惠互利，共同将老字号餐饮发扬光大。同时，要不断丰富哈尔滨饮食文化的内涵和外延，提升哈尔滨饮食和餐饮的知名度和美誉度，创造餐饮消费新热点，塑造全域旅游餐饮品牌形象。

5.3 强化宣传推介

随着全域旅游不断推进，哈尔滨市旅游餐饮规模将不断扩大，开发层次将细分化，风格特色将更加鲜明化，会更加注重传统餐饮文化的"非物质文化遗产"保护，而对餐饮文化利用将上升到城市形象营销层面。哈尔滨市应把本地特色餐饮当作全域旅游中的重要产品进行对外宣传，形成"政府搭台、协会引导、企业唱戏、媒

图5 哈尔滨国际美食节   王伟权/摄

体传播、互相协作"的合力氛围。通过鼓励支持旅游、餐饮和饭店等行业协会开展名街、名企、名店、名厨、名菜、名点、服务明星的评选；通过各种形式的美食节（图5）、大奖赛、多项评优、赴外联展、交流培训、专家讲座等活动宣扬哈尔滨市的旅游餐饮产品。企业也应通过多种方式扩大宣传，如企业网站、微博、公众号、短视频、微电影等新媒体吸引消费者，开展"线上+线下"营销服务[9]，还可以围绕旅游者的观光、品尝、参与加工、购买、娱乐等环节，设计饮食参与性项目等个性化服务设计，来满足旅游者的精神文化需求。如秋林食品公司推出的"啤酒是怎样酿成的""大列巴面包如何出炉的"工业旅游模式，起到了很好的示范作用。2018年9月，由原黑龙江省旅游发展委员会携手北京卫视《暖暖的味道》之寻味秋日龙江，在掀起收视热潮的同时，也让全国人民了解龙江特色美食[10]。哈尔滨市也应联合省内外知名度高的电视美食节目、视频网站、小视频、直播平台、团购网站等，建立推广联盟，开发"舌尖上的哈尔滨美食之旅"项目，共同宣传哈尔滨市的旅游餐饮，以美食之旅打造全域旅游新亮点。

参考文献

[1]蒋倩,卢新新.全域旅游视角下旅游餐饮问题及对策——以三亚为例[J].现代商贸工业,2017(07):25-27.

[2]汤姿,石长波.哈尔滨市餐饮文化特色及旅游餐饮业优化发展研究[A].王晶.哈尔滨市旅游形势分析与预测（2012）[C].哈尔滨:哈尔滨出版社,2012,129-140.

[3]东北网.名家大厨齐聚冰城研讨"龙菜""哈埠菜"传承与发展[EB/OL].[2014-10-29]https://heilongjiang.dbw.cn/system/2014/10/29/056090018_01.shtm.

[4]周莉.哈尔滨饮食文化旅游资源开发的研究[J].中国民族博览,2018(07):70-71.

[5]哈尔滨市统计局.哈尔滨统计年鉴[EB/OL].http://www.stats-hlheb.gov.cn/xw!secPage.action?type_no=204.

[6]搜狐网.2017年中国餐饮业年度报告[EB/OL].[2017-09-06]https://www.sohu.com/a/190266489_466446.

[7]哈尔滨市统计局.哈尔滨统计年鉴[EB/OL].http://www.stats-hlheb.gov.cn/xw!secPage.action?type_no=204.

[8]大众网."餐前消费确认"是明白消费必要之举[EB/OL].[2018-10-16]http://paper.dzwww.com/dzrb/content/20181016/Articel04005MT.htm.

[9]崔伦强.开发饮食文化推动哈尔滨旅游发展[J].学理论,2015(16):99-100.

[10]黑龙江省旅游发展委员会.全国35城同时段收视排名第一！跟着《暖暖的味道》寻味秋日龙江[EB/OL].[2018-10-08]https://mp.weixin.qq.com/s/XLlu9Gv8nAnS46BXDA9Znw.

美食之都——成都

美食资源与美食目的地
Culinary Resources and Culinary Destination

冯玉珠　　关于优质特色食材旅游开发的思考

冯明会　童光森　李　想　　四川美食旅游资源开发现状分析

薛　涛　高彩霞　　从舌尖体验到美食生活：美食旅游目的地的创新与发展

梁馨文　　美食旅游目的地文化原真性重塑路径研究——基于双向视角的阳朔大师傅啤酒鱼案例

关于优质特色食材旅游开发的思考
Tourism Development on High-quality Original Food Materials

文 / 冯玉珠

【摘 要】

食材是美食的物质基础，食材的多重价值使其成为一种重要的旅游资源。食材旅游即是以优质的特色食材资源为主要依托，把食材文化与旅游业有机融合于一体的新型旅游方式。游览食材工农业景观、体验食材生产过程、参加食材节事活动、购买特色食材商品、参与食材美食烹饪等，都是食材旅游的形式。开发食材旅游，应深入挖掘食材的文化内涵，全面分析食材的基本属性和价值功能，重视食材旅游资源的保护，并将其与其他旅游要素有机结合。

【关键词】

食材文化；食材旅游；食材旅游资源；经营模式

【作者简介】

冯玉珠　河北师范大学学前教育学院（旅游学院）副院长、教授

1 食材旅游的兴起和发展

1.1 食材是美食的物质基础

食材是可用来加工制作主食、菜肴、面点、小吃等各种食物的原材料。食材是食物原料、食品原料的简称，在餐饮行业也称烹饪原料、烹调原料。食材是老百姓生活中不可或缺的要素，是美食的物质基础。袁枚在《随园食单》中说："司厨之功居其六，买办之功居其四"，"物性不良，虽易牙烹之，亦无味也。"离开了食材，就成了巧妇难为无米之炊。由此可见食材在人们生活中的重要性。

1.2 食材旅游是美食旅游的重要组成部分

食材旅游是以名特优食材资源为依托，利用食材文化景观，结合食材生产经营活动、民俗风情等内容，融游览、购物、体验、休闲度假于一体的旅游方式。

食材旅游是美食旅游的重要组成部分，一般情况下，美食旅游离不开游客对食材的认知和品鉴。比如，西藏林芝松茸美食自驾游，既可以去和当地的老百姓一起去体味采摘松茸的乐趣，又可以享受松茸的原始烹饪之法。但是，美食旅游和食材旅游也不完全相同。美食旅游以品尝异地"美味"为主要吸引物，而食材旅游则是以制作美食的原材料为主要吸引物。它可以是游览以食材为主构成的景观，也可以是参观或体验食材的生产加工过程，当然有时候也可以参与制作或品尝用这些食材烹调的美食（图1）。有时候，美食旅游就不一定是食材旅游，比如"千米长街摆宴席，万人同吃千桌美味"，游客到云南省红河哈尼族彝族自治州参加哈尼族长街宴，就不是食材旅游。

1.3 食材旅游的起源和发展

食材旅游的兴起，从世界旅游的发展历史来看并不长。19世纪初，欧洲的旅游开发者们已注意到了食材的观光旅游价值。旅游者到农村去骑马、钓鱼、参与农活，食用并购买新鲜的粮食、水果、蔬菜等食材[1]。20世纪50~60年代，在西方发达国家出现了多功能观光农场，或称"大自然乐园"，通过广告策划，吸引大批旅游者全家前往休假、游乐、吃放心菜、尝无污染果实，并留宿农场与庄园[2]。

在我国台湾，20世纪60年代开始发展观光茶园、观光菜园和观光渔场，食材旅游逐渐兴起。2011年，"行政院农业委员会"利用台北国际旅展(Taipei ITF)的机会，设置"休闲农业"专题馆并规划"访食材、趣旅行"主题旅游行程。2012年，高雄市政府农业局推出一项名称是"推广在地食材，响应绿色环保与节能减碳"的政府购买性服务，美浓在食材旅游的主题下，恢复其农村本色，成为食材旅游的重点乡镇之一[3]。

近年来，台湾地区的一些学者开始关注食材旅游的理论研究，主要涉及食材旅游游客动机、满意度及再参与意愿研究[4]，台湾当代乐活风潮下的食材旅行分析[5-7]，地方自产自销与食材旅游的关系探讨[8]，通过食材旅行，建立消费者与农民最新友善交易平台[9]等方面。

在我国大陆地区，20世纪80年代已出现了食材旅游萌芽。当时北京、武汉等城市先后出现的观光旅游型农业生态园，就包含食材旅游

图1 晾晒鱼干　　　　　　　　　　　　　　　　　余顺辉/摄

图2 优质食材的视觉享受　　　　　　　　　　　　　　图片来源：广州椿里

的内容，但食材旅游作为一种独特的旅游形式，并未受到应有的重视和深入研究。2015年，笔者在《丝绸之路饮食文化旅游资源开发研究》提到食材旅游的概念[10]，随后对食材旅游的概念、意义、类型和开发方式进行了初步探讨[11]。

2 食材旅游资源的特点、种类和多重价值

2.1 食材旅游资源的特点

食材的种类很多，但不一定都是旅游资源。食材旅游资源指的是能对旅游者产生吸引力的与食材相关的事物与现象的总和。食材旅游资源一般具有以下特点：一是具有地方特色，具有一定的知名度和美誉度；二是生态、绿色、无公害，有良种、良地（环境）、良法（工艺）、良品；三是具有文化内涵，有历史，有故事，融自然、人文要素于一体。

2.2 特色食材旅游资源的种类

食材旅游资源大致分为自然旅游资源和人文旅游资源两大类。其中，食材自然旅游资源按其来源和自然属性，可分为植物性食材、动物性食材、矿物性食材、人工合成食材等；按加工程度，可分为鲜活食材、干货食材、速冻食材、复制品食材等；按在烹饪中所占的主次地位和作用，可分为主要食材、辅助食材、调配食材等；按来源，可分为农产食材、畜产食材、水产食材、林产食材、其他食材等。在商品流通领域，食材则习惯分为粮食、蔬菜、果品、肉类及肉制品、蛋奶、野味、水产品、干货、调味等。此外，还有素类食材、肉类食材；寒性食材、热性食材；绿色食材、非转基因食材等之分。

食材人文旅游资源包括食材历史遗迹遗物、食材特色建筑、食材生产技艺、食材社会风情、食材文学艺术等。如从西汉南越王墓中出土了大量的贝壳类水产、鱼类、家禽家畜和蔬果遗存属于食材历史遗迹遗物，由这些出土的实物，我们可以想象当年南越王宴请群臣时，席上那些丰盛的美味佳肴[12]。食材商店、食材博物馆、食材工厂、特色食材街区等属于食材特色建筑；食材生产技艺，如食材种植工艺、酿造工艺、储藏工艺等；食材社会风情包括,食材买卖、

食材节庆、食材旅游商品、特色食材集市、食材饮食宜忌等；食材文学艺术，指与食材有关的诗词歌赋文、历史典故、神话传说、影视、戏曲、音乐、书法、绘画等。

2.3 食材旅游资源的价值

2.3.1 食用价值

食用价值是食材经加工烹制供人们食用后其中营养物质有效成分的利用率。食用价值是食材旅游资源最基本的价值，食材食用价值的高低，主要取决于安全性、营养性和可口性三个方面。

2.3.2 养生价值

养生即保养、调养、颐养生命。中华民族自古就有"寓医于食"的传统，"食药同源"已成为植根普通百姓心中的养生座右铭。在中医里，每一种食材都有它的阴阳寒热属性，如大蒜治痢疾、山楂消食积、猪骨髓可补脑益智、赤小豆治水肿等。如今，饮食养生已经成为全社会关注的话题。

2.3.3 商品价值

旅游的过程就是旅游资源转化为产品，并进入流通领域实现商品价值的过程[13]。食材旅游资源的生产、设计、开发和建设，凝结了一定量的人类劳动，其本身的商品性很强，可创造出可观的经济效益。特别是地理标志食材的价格，要远远超出其他同类食材的价格，消费者也愿意为这种品质支付溢价。

2.3.4 审美价值

各种食材表现出的色彩美、形态美、口味美，可以为游客带来视觉、味觉、触觉和精神上的诸多美的感受，带有强烈的审美吸引力。如那绿油油的青菜、黄灿灿的玉米、娇艳欲滴的草莓、精巧可爱的小萝卜、憨态可掬的大南瓜、绿叶掩映的大西瓜，都可以使游客获得美的感受而身心受益（图2）。

2.3.5 文化价值

食材旅游资源具有浓厚的地域特色和地方文化风味，代表着一个地方的文化品格，浓缩着一个地方的风土人情，能在一定程度上反映出某种文化的区域性。比如，提到青稞，就想到西藏；提到高粱就想到山东。这些食材已是一个地方的代名词，其背后蕴藏着深厚的文化价值。

2.3.6 教育价值

在现代生活环境下，许多都市人对一些食材的艰辛的种养殖过程和复杂的种养殖、加工技艺并不一定了解，因此常常希望到果菜园，用身临其境的方式教育后代。由此，食材文化本身也成了宝贵的教育素材。旅游者可通过参观食材生产基地，参加食材采收活动，了解食材品种，学习食材生产技艺，了解与食材相关的人文风情，以丰富阅历，增长见识，提升幸福感。

3 开展食材旅游的主要经营模式

3.1 特色食材商店模式

特色食材由于具有与众不同的品质和人文底蕴，成为优秀的潜在旅游商品。它不仅可以供旅游者携回，作为旅游体验的延续，或者作为礼品赠予他人，与他人分享自己的旅游经历，而且可以延伸旅游产业价值链，更好地发挥旅游产业的关联带动作用。

除了在旅游景区（点）单独售卖某些食材，还可以建设特色食材店或开发系列食材文化旅游纪念品。特色食材店的设计要突出特色食材的地方性和文化性，建筑风格应与其他百货商店销售点风格迥异，体现当地特色文化，店面布置可以结合食材的历史典故、名人传记等相关题材，也可以展出目前食材企业的风貌。

食材纪念品可以是与食材故事相关的挂历、台历、故事书、连环画册，用图文并茂吸引旅游者对食材文化的注意力；也可以向游客赠送印有食材传说宣传画的打火机、小毛巾、纪念币、纪念簿和明信片等，制作食材娃娃吉祥物玩具等，以此来推动和完成食材旅游商品向产业化、品牌化、规模化发展。

3.2 特色食材原产地模式

依托特色食材之乡，开展特色食材原产地游。特色食材之乡是指具有一种或几种特色食材、获得较高的经济效益、在国内或国际具有较高知名度的县(区)、乡(村、镇)。中国特色食材之乡的命名有多个部门参与发布，如中国果品之乡(中国果品流通协会)、中国食品之乡(中国食品工业协会)、中国水生野生动植物之乡(农业部水生野生动植物保护办公室)等。

开展特色食材之乡游，一要因地制宜，紧密结合当地的优势资源，选择具有特色的食材项目进行培育、发展；二要积极开辟销售渠道，立足于市场，创造市场，开拓市场，占领市场；三要保护和传承传统名特食材产品，切忌"挂羊头，卖狗肉"，而实际上"羊肉"根本没有这么多。

特色食材之乡旅游的开展,可以带动种植业、养殖业、加工业及交通、运输、邮电等行业的全面发展[14]。发展特色食材产业,已成为发展区域农村经济和乡村旅游,实现农民增收、农村稳定的新思路、新举措。

3.3 食材节事活动模式

食材节事是指以食材为主题的节事,主要命名方式有某某食材节、食材文化节、食材美食节、食材美食文化节、食材美食旅游节等,也可以用某某食材展销会、博览会、厨艺展等形式来命名。近年来,我国各地举办了很多食材节事活动,如"中国食材节""中国食材电商节""'美食无国界,全球好食材'北京国际餐饮食材交易博览会""中国(广州)国际食品食材展览会(GIFMS)""上海国际餐饮食材展览会""贵阳国际餐饮食材展览会""中国(上海)火锅食材用品展""广州餐饮食材加盟展会""天津国际餐饮食材博览会""中国徽菜食材节"等。

"2018年中国·章丘大葱文化旅游节"于该年9月27日–10月28日舜耕山庄生态园(章丘)举办。会上,先后发布了节会品牌主题、品牌形象、吉祥物、系列活动等内容。"2018年中国·章丘大葱文化旅游节"以"中国葱乡,百脉章丘"为节会核心主题,以"中国葱·健康行"为年度主题,共划分六大版块的活动内容,涵盖新闻宣传、展览展销、峰会论坛、招商推介、旅游观光、文化艺术等多个领域,包括全民彩虹跑、名优特色农产品展销、乡村振兴论坛、精品优惠游、市民有奖互动、创意设计展等内容,类型众多、活动丰富。

3.4 食材加工生产场景模式

如何捕猎、采掘、加工自然馈赠的食材,也是一项重要的旅游内容。查干湖冬捕(即查干湖冬季冰雪捕鱼)作为目前唯一保留的蒙古族最原始的捕鱼方式,已被列入国家级非物质文化遗产名录(图3)。2012年,央视热播的纪录片《舌尖上的中国》,

图3 查干湖冬捕

图片来源:摄图网

带热了查干湖旅游。同样,嘉鱼珍湖莲藕在《舌尖上的中国》播出后,观看职业挖藕人的劳作场景,亲身体验挖藕的感觉,也受到旅游者的青睐。

3.5 食材花园与食材景观模式

食材花园即把一些食材设计成景观,围绕食材设计体验活动,把食材的生产空间设计得像花园一样美丽。食材花园有庭院式、公园式、乡村小镇式、景观式等形态。其中,庭院式有两种表现形式,一是家庭花园,即对房前屋后的空地、草坪改造而来;二是类似德国施雷勃田园的份地花园。公园式既可以是侧重景观的观赏型花园,也可以是侧重休闲的体验型乐园;可以是功能单一的景观花园,也可以是兼具散步游赏、农事体验、食农教育、疗愈康养等多种体验的休闲园区。乡村小镇式是将整座小镇种成食材花园,在此基础上开展食农教育、特色食材售卖、观光旅游等活动。景观式即利用食材植物设计的景观情境来美化园区的农业生产区域,增加园区的田园气息。

3.6 食材博物馆模式

食材博物馆能够为旅游者带来最全面的食材资讯。目前,我国各地有多个食材博物馆,如蔬菜博物馆、辣椒文化博物馆、菇菌博物馆、鸭文化博物馆、鸡文化博物馆、红薯博物馆、马铃薯博物馆、香蕉博物馆等。我国首个"马铃薯博物馆"位于北京郊外延庆区,于2010年建成。马铃薯的历史、现状、发展以及在中国的推广、应用,通过珍贵的图片和丰富的实物,在该馆占地3000平方米的展厅里得到了全面展示。在马铃薯博物馆里,最吸引人的莫过于丰富的实物展品:小如黄豆的微型薯,大如枕头的大土豆,红皮红肉、紫皮紫肉、黑皮黑肉的彩薯;适合炸薯条的夏波蒂,做薯片的大西洋,做菜的荷兰薯……而在橱柜里,不管是土豆菜,还是上百种土豆新品种,都能让你发出阵阵惊叹[15]。

4 开发食材旅游的基本策略

4.1 深入挖掘食材背后的故事

从起源到发展,每一种食材都有其不平凡的历史。从播种到收获,每一样食材都有一个完整的故事,充满了人的智慧。开发食材旅游,必须深入挖掘食材背后的故事,讲清食材自己的故事及其相关的乡情和人情。这样,旅游者才能买得放心,并增加心理认同感。如陕西临潼以盛产石榴著名,留下许多关于石榴的传说,并由此举办了多次"国际石榴节"活动。郫县豆瓣是一个拥有300多年历史的地方名特产品,也是承载着郫都区历史人文厚度的名片,享有"川菜之魂"的美誉。章丘大葱的原始品种,于公元前681年由中国西北传入齐鲁大地,已有3000多年的历史。早在公元1552年就被明世宗御封为"葱中之王"。被誉为"菌中之王"的松茸,大约7000年前,诞生于我国横断山脉的香格里拉原始森林中。相传1945年8月广岛原子弹袭击后,唯一存活的多细胞微生物只有松茸,因此松茸成为日本游客最受欢迎的食材。

4.2 全面分析食材的基本属性和多重价值

安全性、营养性、审美性是食材的基本属性。其中,食材的安全性是不容忽视的属性,它相对于营养价值、色泽和口味来说更为重要。有些食材在良好的口味、色泽和外观形态的掩盖下,潜伏着巨大的危害性,如食材自身固有的毒素、传染性病毒、寄生虫、致病菌以及药物残留、工业污染等。食材必须具有一定的营养价值,即含有一定的营养素。食材中营养物质含量的高低是决定食材食用价值的一个非常重要的方面。不同的食材品种各类营养素的组成和比例差别很大,通过品种和数量的选择可以使食材之间的营养得以互相补充,从而满足人体的正常需要,达到膳食平衡。有些食材含有一定量的营养素且对人体无害,但不一定能用于烹饪。有些因组织粗糙无法咀嚼吞咽的食材(如粗劣的老母猪肉、公猪肉),或者因本身污秽不洁、恶臭难闻的食材,将直接影响到烹制出来的菜肴的口感和口味。食材的口感口味越好,其食用价值也越高。

食材的多重价值前面已经提到,如食用价值、养生价值、经济价值、审美价值、文化价值、教育价值等。

4.3 将食材与其他旅游要素有机融合

一般情况下,开发食材旅游应主打一种或一类食材,其他食材为辅,形成主次分明的食材结构。每一种特色食材的形成,都受当地的地理环境、社会经济条件、历史事件、宗教信仰等因素的影响。特色食材是一种融自然、人文于一体的旅游资源。经过设计、规划、开发、建设的食材旅游景观,由食材所在地的自然生命景观、食材生产过程、食材生产者的生活场景等多种元素综合构

图4 儿童休闲农场研学活动　　　　　　图片来源：摄图网

图5 川式香肠　　　　　　石自彬/摄

4.4 将食材旅游和休闲农业旅游、食品工业旅游、研学旅游相结合

休闲农业旅游是以农业为主题，利用农村自然环境、农事活动、农村生活等农业自然与文化资源来开展的旅游。许多休闲农场都提供认识食材的行程，如台湾北新有机休闲农场提供有机蔬菜栽培体验，吉蒸、瑞穗与新光兆丰牧场让大小朋友认识乳牛和鲜乳的生产过程（图4）。

食品工业旅游是以食品工业生产过程、工厂风貌、工人工作生活场景为主要吸引物的旅游活动。如腌腊、干制、糟醉、烟熏、罐藏、发酵等加工方法，成就了腊肉、豆腐、豆瓣酱、火腿等令中国人喜爱的食材。让旅游者游览厂区环境，参观这些食材的生产过程或流程，学习科学知识，有助于进一步提高他们对日常食材的了解，还可以培养旅游者对这些食材企业的忠诚度[16]（图5）。

食材旅游也是一种进行体验式教育和研究性学习的教育旅游活动，它可以让旅游者直接到食材产地，从认识食材到农业体验（食材采收方式、农民耕种方式等），从食材加工到美食烹饪，体验当地人生活方式，了解土地与农村的人文风情[17]。

4.5 重视食材旅游资源保护

特殊的甚至是独一无二的地理环境，造就了部分食材独特的品质及其出众的质量，赢得了消费者的高度喜爱和赞誉。有些食材可以美化环境、涵养水土、防风固沙、净化空气等，其质量及质量变化反映着其生态环境的变化，并已成为生态环境的"标志者"、"自动监测器"和

成，其所呈现的美不是单纯的自然美，而是人工与自然的综合美。台湾屏东黑鲔鱼文化观光季，从2001年以来，每年4~6月由屏东县政府举办。这项活动，以黑鲔鱼为主要旅游吸引物，结合屏东自然景观资源、农渔特产文化以推广"观光休闲、文化创意、轻松慢活、生态保育"兼具之"幸福屏东"高质量观光旅游，推广在地特色，也为了让黑鲔鱼季更添丰富性，透过系列活动，加上在地文化与人文发展，不仅成立了黑鲔鱼纪念馆，更整合在地的观光资源，推广美食、休闲、文化、保育兼具的观光旅游。

"气象预报员"。如果滥捕滥猎，就会破坏生态平衡。比如，"发菜"有宁夏五宝之一的说法，因大规模采集，导致草场退化和沙化，严重破坏生态环境。2000年，《国务院关于禁止采集和销售发菜制止滥挖甘草和麻黄草有关问题的通知》，将发菜列为国家I级重点保护野生植物，严禁采集、收购、加工、销售和出口。保护食材生态资源，能促进生物多样性保护，避免物种的减少和灭失[18]。2017年12月5日，世界自然保护联盟（IUCN）官网宣布将禾花雀的评级从"濒危"升为"极危"，造成禾花雀数量减少的原因，主要是公众缺乏科学认识，饮食文明水平低，导致禾花雀被大规模捕猎[19]。

4.6 加大食材旅游的营销力度

发展食材旅游，必须要加大宣传营销力度。一是可以依托大型门户网站的平台优势，达到大范围宣传食材旅游的目的。同时，也要建立自己的网站，健全完善与食材旅游相关的文字、图片、动画、视频等内容；二是可以借助目前大众喜闻乐见的微博、微信等新媒体形式，对食材旅游进行营销推广，扩大食材旅游的影响力；三是可以借助各种交通工具上的电子广告牌，对食材旅游进行标语式宣传。让游客在能够轻易在生活中了解到食材旅游的信息。此外，还可以拍摄食材旅游微电影，借助微电影平台，选择优质的制作团队，充分将食材旅游的魅力展现在人们的视野中。

参考文献

[1] 严贤春. 生态农业旅游[M]. 中国农业出版社, 2004.

[2] 胡异艳. 福建农业旅游业发展研究[D]. 福建师范大学, 2008.

[3] 李洛铃. "观"美浓什么事？一个客家乡镇在不同旅游阶段下的解说策略[D]. 高雄师范大学客家文化研究, 2013: 48-49.

[4] 颜建贤, 林育辰. 食材旅游客动机、满意度及再参与意愿之研究[J]. 农业推广文汇, 2014 (59): 51-71.

[5] 洪馨兰. 台湾当代"食材文化旅行"的一场深描[J]. 青海民族研究, 2014(4): 43-47.

[6] 洪馨兰. 风土料理小旅行里的"人类学"[A]. 索晓霞, 李菲. 多彩贵州·原生态文化国际论坛2014 [C]. 北京: 社会科学文献出版社, 2015: 346.

[7] 洪馨兰. 台湾当代乐活风潮下的食材旅行：一个案例的分析[J]. 青海民族研究, 2015(4): 89-93.

[8] 颜建贤, 魏任鸿. 地方自产自消与食材旅游[M]. 旅游规划与设计——台湾乡村旅游与民宿, 北京: 中国建筑工业出版, 2016: 108-113.

[9] 何立德. 食材旅行——建立消费者与农民最信友善交易平台[J]. 休闲农业产业评论, 2014: 68-73.

[10] 冯玉珠. 丝绸之路饮食文化旅游资源开发研究[J]. 美食研究, 2015(1): 25-29, 34.

[11] 冯玉珠. 饮食文化旅游开发与设计[M]. 杭州: 浙江工商大学出版社, 2017: 33-69.

[12] 李妍. 食在广州有渊源——从南越王墓出土炊具及食材说起[J]. 收藏家, 2018, (7): 47-52.

[13] 黎开锋, 严红, 余学新. 三峡文化与旅游发展[M]. 武汉: 长江出版社, 2008.

[14] 李崇科. "三农"问题研究：以玉溪为例[M]. 昆明: 云南大学出版社, 2013.

[15] 于丽爽. 延庆建成全国首个土豆博物馆[N]. 北京日报, 2010-04-16(08).

[16] 张驰. 宁乡县发展食品工业旅游产业的对策研究[D]. 湖南农业大学, 2012: 17.

[17] 颜建贤, 林育辰. 食材旅游客动机、满意度及再参与意愿之研究[J]. 农业推广文汇, 2014 (59): 51-71.

[18] 马中. 保护生态食材不能盲目多产[J]. 环境与生活, 2016(11): 60.

[19] 游忠惠. 严禁捕猎禾花雀，依法保护濒危动物[J]. 团结, 2018(01): 61-62.

[20] 谷英敏, 柴可夫, 马纲. 食材内涵古今辨析[J]. 浙江中医药大学学报, 2010(03): 301-302.

[21] （英）马丁·琼斯. 宴飨的故事[M]. 济南: 山东人民出版社, 2009: 02.

[22] 柴可夫, 谷英敏, 马纲. 中国食材分类方法浅析[J]. 中华中医药杂志, 2011(10): 2217-2220.

[23] 崔桂友. 烹饪原料的分类问题探讨[J]. 中国烹饪研究, 1998(04): 14-22.

[24] 且十. "新南向"下，还能有台湾渔民的"第一鲔"盛景吗？中国台湾网[EB/OL]. [2018-05-02] http://www.taiwan.cn/plzhx/wyrt/201805/t20180502_11950205.htm.

[25] 苏春山. 介绍几个名词、术语[J]. 商场现代化, 1984(09): 4-6.

[26] 萧介云. 台湾休闲农业发展协会[EB/OL]. [2012-11-18] http://www.taiwanfarm.org.tw/org/index.php/newnews/conference-info/item/566-201211282.html.

[27] 钟瑜. "特产不特"显旅游短板[J]. 今日海南, 2014(11): 3.

四川美食旅游资源开发现状分析
Study on Tourism Development of Culinary Resources in Sichuan Province

文 / 冯明会 童光森 李 想

【摘 要】

四川是旅游资源大省,美食资源种类繁多、内涵丰富,民族风情浓郁且极具特色,对四川美食旅游资源的开发具有重大意义。本文根据旅游资源分类结构中所涉及的类型对四川美食资源调研汇总,从交通、美食品种、特色、历史文化、资源种类和政府重视程度等方面对四川美食资源和发展潜力进行评价阐述分析以及四川美食旅游开发现状和存在的问题分析,发现四川美食旅游开发正处于初级阶段。本文的分析为四川美食旅游资源开发提供了强有力的理论基础。

【关键词】

美食旅游;旅游资源;川菜产业;美食教育;美食节

【作者简介】

冯明会 四川旅游学院烹饪学院讲师

童光森 四川旅游学院烹饪学院副教授

李 想 通讯作者,四川旅游学院烹饪学院教授

注:本文图片除标注外均由作者提供。

"食在中国,味在四川",四川美食闻名全国。四川美食资源种类多样、内涵丰富,川菜、川茶、川酒、各地风味特产和独特饮食风俗,对游客都具有强大的吸引力。四川还是旅游资源大省,旅游资源类型多、品位高、组合好、极具特色,民族风情浓郁多姿,境内有全国第二大藏区、最大的彝族聚居区和唯一的羌族聚居区,自然风光独具魅力,多种文化交相辉映,对四川美食旅游资源的开发分析具有重大意义。到四川旅游,品尝当地名菜、名点、名酒、名茶,兼可享受美食与旅游的乐趣[1]。

图1 成都龙抄手总店

1 四川美食旅游资源概况

根据中华人民共和国国家标准《旅游资源分类、调查与评价》GB/T18972-2003中的旅游资源分类结构,美食旅游资源涉及以下三大类别:F建筑与设施、G地方旅游商品、H人文活动;涉及的类型有:FDG特色店铺、GAA菜品饮食、GAB农林畜产品与制品、GAD中草药材及制品、HCG饮食习俗、HAB文化节[2]。通过前期的大量调研和资料整理,发现四川美食旅游资源涉及的美食旅游资源类型几乎都有涵盖。

特色店铺繁多。如成都的陈麻婆豆腐、龙抄手餐厅(图1)、赖汤圆、温鸭子、双流老妈兔头、顺兴老茶馆、大慈寺禅茶馆;德阳的今日东坡、天地人和、正兴老茶馆、哑巴兔;绵阳的四海香、小雅书房、十三小厨;资阳的海底捞、马厚德羊肉汤、牌坊面等。

菜品饮食久负盛名。如传统特色川菜的麻婆豆腐、宫保鸡丁、回锅肉、鱼香肉丝、特色风味的怪味兔丁、双流老妈兔头、樟茶鸭子、夫妻肺片、成都火锅(图2)、串串香、简阳羊肉汤;传统的名小吃中的龙抄手、担担面、赖汤圆、钟水饺、谭豆花、叶儿粑、三大炮;资阳的简阳羊肉汤、中和卤鹅、丹山坛子鸡;眉山的东坡肘子、东坡肉、东坡鱼、清蒸江团、烧江鲫鱼、洪雅钵钵鸡;雅安的砂锅雅鱼、椒麻鸡、黄牛肉汤锅、贡椒鱼;南充的姜汁热味鸡、保宁白糖蒸馍、张飞牛肉;甘孜牟家牛杂汤、手抓肉、风干牛羊肉;彝族的辣子鸡;阿坝的阿坝安多面片、酸菜面块、贝母鸡、虫草鸭等。

土特产琳琅满目。青城山老腊肉、青城山香肠、文君茶、全兴大曲、青城乳酒、中江挂面、德阳酱油、剑南春、潼川豆豉、三台米枣、平武核桃、丰谷酒、丹棱桔橙、洪雅绿茶、老峨山禅茶、幺麻子藤椒油、汉源花椒、保宁醋、大竹醪糟、剑门豆腐干、朝天核桃、旺苍猕猴桃等。

中草药材特色优质。成都地区川芎、郁金、明参、黄连、杜仲、黄柏等;中江丹参、中江白芍;平武天麻、三台麦冬;达州的宣黄连等。

饮食习俗历史悠久、文化深厚。成都的茶馆习俗、资阳的苌弘养生文化、眉山的东坡饮食文化、南充的三国文化、蜀道文化、广安的红军文化、剑门蜀国文化、甘孜阿坝羌族文化、藏族文化、乐山佛教素食文化、马边彝族文化等。

文化节日气氛浓郁。如成都国际美食旅游节、洛带火龙节、青城山道教文化节、简阳羊肉汤美食节、绵阳羌历年、北川羌族旅游文化节、眉山泡菜节、东坡文化节、甘孜藏历年、雪顿节,阿坝羌历年等。

图2 四川火锅 夏夏/摄

2 四川省美食旅游资源开发潜力分析

2.1 交通区位条件不断改善

随着四川省建设西部综合交通枢纽的进程加快，全省对内对外交通条件得到了极大提升。根据《四川省高速公路网规划（2014—2030年）》，四川五大经济区、四大城市群之间将形成4条及以上互联通道，城市群内实现城际2小时内直达。日益完善交通格局为四川省发展美食旅游提供了必要的基础条件。

2.2 美食旅游资源丰富、品种众多

四川自古被称为"天府之国"，物产十分丰富，为四川美食的发展提供了优越的条件[3]。四川省辖区面积48.6万平方公里，居中国第五位，辖1副省级市，17地级市，3自治州，183个县（市、区），每一个地方都有自己独特的地方菜品。同时四川又是多民族聚居地，有55个少数民族，是全国唯一的羌族聚居区、最大的彝族聚居区和全国第二大藏区，每个民族都有自己主导的风味菜品。而且四川各地的美食企业无论老字号、新品牌、大众店和潮流坊"百花齐放、争奇斗艳"，各种美味佳肴、美食企业、美食节庆和美食典故令人"眼花缭乱、回味无穷"。

2.3 美食旅游资源特色鲜明，具有广泛群众基础性

四川美食旅游资源的主体川菜以调味多变著称，特色鲜明，并有"一菜一格，百菜百味"的美誉。川菜中常用的复合味型有27种，居全国之首，有清爽醇和的咸鲜味、荔枝味、糖醋味、酱香味、五香味、烟香味等，也有麻辣浓厚的家常味、麻辣味、鱼香味、怪味酸辣味、糊辣味、红油味等。川菜在调味上的变化多端，使得川菜形成了清鲜醇浓并重、善用麻辣的风味特色。川菜由菜肴、面点小吃和火锅三大类别组成，各种类型各具风格特色，又互相渗透配合，形成一个完整的体系，对各地、各阶层的食客有着普遍和广泛的适应性，具有广泛的群众基础。

2.4 美食旅游资源历史悠久，文化底蕴深厚

川菜历史悠久，源远流长，为中国八大菜系之一，始于秦汉，经历千年的发展，迄今约有3000多个品种，名菜有300多种，基本上每道川菜名品、名小吃都有典故，如苏东坡与东坡墨鱼、杜甫与五柳鳜鱼、丁葆桢与宫保鸡丁等。名菜、名人相得益彰，丰富了美食旅游的文化底蕴[4]。

2.5 美食旅游资源业态种类齐全，可组合性强

四川旅游资源丰富，如三国文化与三国美食、佛教资源与佛教美食、道教资源与道教美食、茶馆文化与名茶（图3）、乡村旅游中的农家乐美食等，美食旅游资源与美景、人文、教育等旅游资源进行组合，将丰富旅游资源的多样性，提高旅游吸引力。

2.6 美食旅游资源人文发展环境优越

以休闲文化著称的四川，自古以来受到游客们的喜爱。四川美食更是价廉物美，并且美食已经平民化，大大小小的餐馆热闹非凡，一些有

图3 茶艺表演

特色的美食街，如锦里、宽窄巷子，游人如织，或听书，或看戏，或品尝美食，稍加引导游客自然会被吸引参与到美食旅游中来。

2.7 政府部门重视美食旅游资源发展

四川省政府极为重视川菜产业的发展。改革开放30多年来，全国餐饮业竞争激烈，而川菜在八大菜系中脱颖而出，其中最重要的原因就是政府和行业大环境的推动。四川省省委省政府提出了开发川菜产业化的构想，省委省政府倡导一个菜系的产业化，拟定并宣布了《四川省川菜产业发展规划》，这在全国是首创，对于川菜产业化和川菜饮食文化的发展起到了很大的作用。川菜产业的发展能够带动原材料川酒、川茶、人才输出、旅游、商业等行业的发展[5]。

2.8 "美食+教育"的旅游资源发展

四川有良好的美食教育旅游基础，四川旅游学院作为国内第一所独立设置的旅游学院，其烹饪相关专业在全国领先，校内的酒店实验实训教学中心建筑面积为21800平方米，拥有国内领先、国际一流的烹饪教学及实验设备，被誉为"亚洲最大的厨房群"。同时，该校的休闲美食文化体验园也接待国内外游客到学校学习烹饪、体验美食。四川省商业服务学校、四川省财贸职业高级中学等学校也具备接待美食教育旅游的条件。美食教育有专业教师进行讲解、演示，游客们自主学习、品尝，既可丰富美食旅游产品，又可提高美食旅游的参与度和满意度。

3 四川美食旅游开发现状及问题

3.1 四川省美食旅游开发现状

四川省美食旅游经过30多年的快速发展，目前已经初步形成"以川菜为主体、四川小吃为特色、四川火锅为吸引、名店为支撑、各地特色物产为补充、美食节庆为突破、饮食习俗为亮点"的旅游餐饮格局。尽管四川有丰富的美食资源，但真正以美食为主题的旅游目的地、旅游线路尚未形成，所以开发四川美食旅游具有广阔的市场前景，在大众旅游快速发展的基础上，四川美食旅游已具雏形。

3.1.1 经历"旅游景点餐饮"和"旅游推荐餐饮"两个阶段

1997年至2003年四川省旅游局对全省旅游餐饮实施定点管理，凡提供旅游餐饮服务的企业须取得"旅游定点"资质[6]，这是社会接待和服务能力不足以满足旅游发展需求的结果。随着社会经济的稳步发展，游客自主选择消费场所的条件逐渐成熟。同时，旅游定点消费也暴露出众多的问题，欺客、宰客现象十分严重。2003年四川省旅游局面向全社会积极建立旅游推荐制度，包括旅游餐饮推荐单位、旅游购物推荐单位、旅游休闲推荐单位和旅游交通推荐单位等。通过制定行业标准和服务规范，对推荐单位实施标准化管理。

3.1.2 依托传统美食基础形成旅游线路雏形

四川是旅游资源大省，近年来旅游业快速发展，带动周边产业快速发展，餐饮业尤为突出。餐饮业发展地多是旅游目的地，餐饮业越发达地区，其美食特色产品越多，其美食的吸引力也越强，如成都、都江堰、乐山、宜宾、自贡、康定等地。这些地区的特色餐饮店、美食街的打造、提升、规范，形成美食旅游线路。如近些年比较流行的针对专业需求的特色名店、特色名菜、名点之旅，蒙山茶之旅，火锅之旅等等，以及针对大众游客的特色小吃街如成都的锦里、宽窄巷子，都江堰的南桥、德阳文庙美食街、眉山湖滨路美食街、南充江天美食街、甘孜磨西镇美食街等都是依托美食形成的旅游线路。

3.1.3 成功举办美食节和博览会

举办美食节和博览会，是近年来推动美食旅游最主要的一种方式。比如每年春节期间的成都大庙会、广元女儿节、清明节都江堰放水节、成都龙泉驿的国际桃花节、新津梨花节、西昌火把节等节庆期间，举办美食展；各地专门办地方特色美食节，如每年国庆期间的成都国际美食节、简阳羊肉汤美食节、成都火锅文化节、乐山国际美食节、成都音乐啤酒节等，这是一种发展层次的美食旅游，其重点更多是饮食文化传播，而不是对美食进行简单的品尝。发展饮食文化旅游产品，将美食作为载体，将食物原材料的开发利用、食品制作、饮食消费过程中的科学、技术、艺术以及以饮食为基础的风俗习惯、民间传统，在旅游过程中充分展示给游客（图4）。

3.2 存在的问题

3.2.1 美食旅游产业竞争力弱、缺乏品牌企业

好的美食旅游目的地，既要求有好的品牌美食企业，又要求有好的品牌美食产品，无论是特色原材料、特色菜品，还是特殊的饮食风俗，必须打造自己独特的美食旅游品牌。分析2013年度中国餐饮百强企业榜可以看出，2013年餐饮百强企业重庆14家，四川仅5家。可见，四川在国内叫得响的品牌企业还不足，甚至远远少于邻近的重庆，即使有一些品牌，也大多是企业品牌而非产品品牌。

目前，四川各地旅游餐饮接待企业，大多缺乏品牌建设意识，忽略对传统文化、经典名菜的保护，老品牌纷纷倒闭，产品失传问题严重。

3.2.2 宣传营销力度不够，市场意识不够敏锐

近年来，四川省及各市（州）开始注重美食旅游的宣传营销工作，尤其是借成都打造"美食之都"契机进行了大规模宣传报道。但是，与国内美食旅游发达省市仍存在较大差距，四川省内各市（州）营销水平也存在很大差异。基于百度搜索的地方美食旅游网络数据调查显示，在中国八大菜系中，"川菜"的网络查询结果数量居首；在全国23个省、5个自治区、4个直辖市和2个特别行政区的整体排名中"四川美食"仅排名第14位；四川省内21个市（州）之间，查询数据则差异特别显著。在营销方面，四川美食企业，针对四川美食文化的营销活动缺乏，重视程度不足。四川饮食文化旅游产品的宣传及推广多集中在许多传统食品上，对新产品的宣传营销上力度不够。

3.2.3 开发创新资源缺乏整合、信息不对称，尚未形成美食旅游的产业链

目前，美食旅游接待企业中的餐饮企业由商业部门管理，饭店企业由旅游部门管理。企业信息不对称，缺乏整合，尚未形成美食旅游的产业链。美食旅游涉及种植养殖业、食品加工业、餐饮业、酒店业、会展业、交通运输业、零售业等多个行业，而各行业对美食旅游未形成统一认识，缺乏行业间的联动机制。同

图4 美食节面塑表演

时还没有行业统一的准入门槛，也缺乏可遵循的全国性统一的法律法规。并且餐饮行业准入门槛低、行业从业人员素质偏低、企业信息化、科技化程度低、管理水平落后等，这些都是制约四川美食旅游发展的重要因素。

总之，四川美食旅游发展正处于起步阶段，开发程度低，还没有丰富的美食旅游产品可供国内外游客自由选择，很多旅游地仅仅是提供基本的餐饮服务作为满足旅游者的基本生理需求，即最低层次的需求，而发展层次的旅游产品，如食疗保健游和更高层次的饮食文化旅游的开发力度还远远不够。四川美食旅游资源如果结合现有资源，依托传统旅游线路，加大媒体、网络以及现场体验式的宣传力度，结合教育资源，提高美食产品质量和管理服务能力，加强川菜的标准化和服务规范化建设，理顺管理关系，展开探讨，发挥美食资源特色必将促进四川旅游业长足发展、经济价值提升和更深远地满足"人民对美好生活向往"的意义。

参考文献

[1]四川省美食旅游发展规划（2015-2025）[EB/OL]. https://www.tceic.com/6hl30ll231126kjh6k1g10hk.html.

[2]刘元,周坤顺,尚丽娜. 南宁市本土餐饮旅游资源开发研究[J]. 沿海企业与科技,2010,8：89-92.

[3]王小敏,贾人卫. 中国烹饪概论[M]. 北京：旅游教育出版社,2005.

[4]张源. 成都美食旅游研究[D]. 上海：复旦大学,2008.

[5]同[4].

[6]康丹. 成都旅游餐饮现状与提升策略研究[D]. 四川师范大学,2010.

基金项目

国家民委人文社会科学重点研究基地—中国彝学研究中心资助项目

项目编号：YXJDY1808

四川旅游学院四川少数民族饮食文化传承与传播研究团队

项目编号：18SCTUTD01

从舌尖体验到美食生活：美食旅游目的地的创新与发展

From Taste Experience to Culinary Life: Innovation and Development of Culinary Tourism Destinations

文 / 薛 涛 高彩霞

【摘 要】

本文对围绕旅游者需求开发的美食旅游活动进行了理论模型上的抽象与反思，并以成都作为美食旅游目的地案例进行了深入的研究。研究发现：1.美食旅游目的地想要通过自身的努力提升游客对目的地形象的理解，要更加注重优化"社会准许游客观察目的地的方式"这一环节，才能保证游客在异地获得极好的美食生活体验。2.成都美食旅游目的地的构建，一方面得益于其自身雄厚的美食资源和文化基础；另一方面，也是政府和市场力量依托品牌化、产业化和强体验的创新策略和国际化的发展视野，深度重构成都美食文化的符号意义，激活了沉默的美食社会资源，保障了"在地美食生活方式的"有效开展。

【关键词】

美食旅游；美食旅游者；美食资源；美食组织；成都美食

【作者简介】

薛　涛　北京大地风景文化旅游发展集团有限公司研究院研究员
高彩霞　北京大地风景旅游景观规划设计有限公司规划师

1 导言

海德格尔（Heidegger）曾通过游记的方式，记录了自己乘船游览亚得里亚海时凝视"希腊"遇到的困惑。他问："这就是希腊？我所知道、我原本预期的一切，通通没有出现……眼前所见，看起来更像意大利。"带着这样的困惑，他甚至怀疑自己"是不是错过了真正的希腊元素"，以至于自己没有真正的体验到"希腊"。相信很多人都会有过类似的生活经验：由于消费习惯和饮食偏好，对某一特定的、具有强烈地域符号的文化餐饮品牌，始终保持着较高的消费忠诚度，以至于需要通过一场异地美食之旅来满足自己的味蕾需求。但是，当以旅游者的身份抵达美食目的地时，尝到"原汁原味"的美食餐饮后却大失所望，甚至怀疑自己"错过了真正的希腊元素"，没有体验到真正的"希腊"。

从表面上看，美食体验上的差异有可能是食品原材料、美食烹饪做法或口味调节上的不同所致。但是从本质上来看，造成这一现象的根本原因是同样的美食体验活动被置于美食独特性信息供给不足的文化时空背景后，旅游者产生了"符号错觉"，进而导致了想象与现实不对称带来的心理感知不认同。本文正是基于这样的视角，重新反思了"美食旅游者""美食旅游"与"美食旅游目的地"三者之间的关系，并通过对四川成都的案例研究，解读了其作为知名的美食旅游目的地，是如何通过深度开发美食资源，成功塑造美食旅游目地品牌、为旅游者的美食体验营造充足的独特性语义体验环境后，最终将旅游者的舌尖体验活动转化为一种在地美食生活方式。

2 美食旅游目的地构建的关键模型

2.1 旅游者在美食旅游过程中的消费、参与和凝视

关于美食旅游的研究在21世纪初期，曾掀起过一波研究高潮，研究者多是通过探讨美食旅游产品、美食旅游者与美食旅游产业之间的关系，试图把握美食旅游概念的本质，以满足日益细分化的旅游需求，并将美食资源转化为促进旅游目的地发展的独特吸引物。

围绕美食旅游的概念定义辨析，多位学者已经进行了丰富的讨论[1]，并注意到了美食旅游概念泛化的危机，强调应该把握美食旅游者的旅游动机，而不应该过度强调"旅游过程中的饮食消费活动"。因为这样会带来研究概念的模糊和研究对象的样本不精准，并且忽视了真正美食旅游者的体验需求。本文无意讨论美食旅游的概念歧义，而是想要讨论在围绕旅游者美食需求的开发过程中，开发者是如何妥善处理旅游者与美食资源、美食体验和旅游目的地三者之间的关系，并通过对美食资源的深度开发，达到理想美食旅游目的地构建目标的。

当我们把围绕美食旅游活动中的关键主体抽离出来后，我们会看到所有的资源组织方式，都是围绕旅游者需求来展开的。但是，过去的研究者往往只关注于旅游者的"吃进嘴里"的餐饮活动，认为游客通过消费吃到了美食，就等于感知到了旅游目的地所蕴含的文化信息。很明显研究者对于美食旅游活动作了过度抽象，以至于许多城市误认为建设一座美食城，即完成了美食旅游目的地的建设。

考察旅游者的美食旅游活动，可以发现，旅游者作为开展美食旅游活动的主体，需要与三个主要客体进行互动，即美食资源、美食体验和旅游目的地。首先，在其与美食资源的互动关系中，主要是以旅游者消费食物为主，通过这一消费过程可以获得对食物料理的直接味觉感受，但是，并不完全知晓或了解食物这一"符号"所代表的文化含义。尽管商家会通过海报或其他宣传媒介向游客展示美食文化故事，可惜这些展示往往只是单向的、不具有体验性的宣传。其次，旅游者在异地的旅游生活往往需要参加区别度极高的体验性项目，以此来提升美食旅游在生命记忆中的唯一性和重要性。因此，针对美食旅游过程中，参与那些强调多种互动的美食体验是提升游客感知美食文化的重要环节。比如有广大美食供应商参与的美食节庆、具有仪式感的美食制作活动。这种参与感极强的美食体验活动，是对于以"他者"身份介入本地生活的游客植入美食旅游记忆最为有效的途径。也正是这种可植入性的活动，让游客获得了"凝视"美食旅游目的地的能力。凝视，指的是"论述性决定"（discursive determinations），是社会建构而成的观看或"审视方式"（scopic regimes）[2]。本文赞同福斯特（Foster）对"凝视"的定义，"凝视"是指我们可以怎么看，社会准许或影响我们用什么方式看，还

有我们自身如何看待这样的观看或当中的未见之事。综合来看，游客作为一个身处异地的被动信息接收者和加工者，所感知和凝视到的目的地是一个被构建的形象，这种形象的"具化"是随着美食旅游活动不断推进演化的。游客不断地与"美食资源"、"美食体验"和"旅游目的地"进行互动，通过"消费"、"参与"和"凝视"的方式不断加深对旅游目的地的理解，这一理解过程直到游客回到家中依然还在进行，甚至只有彻底回归到自己的生活当中，这一过程才算结束。

综上，旅游者在美食旅游过程中消费美食资源、参与美食体验过程作为一项基础性活动，为旅游者"凝视"旅游目的地创造了可能性。但是，在"凝视"的过程中，又涉及三种不同的"凝视"内涵，可以概括为：（1）游客对目的地观察的方式；（2）社会准许游客观察目的地的方式；（3）游客对观察方式的观察。这样看来，美食旅游目的地想要通过自身的努力，提升游客对目的地形象的理解，要更加注重优化社会准许游客观察目的地的方式这一环节，才能保证游客在异地获得极好的美食生活体验（图1）。

2.2 美食旅游目的地构建模型

在已经确定的美食旅游目的地构建目标的情况下，构建一个成功的美食旅游目的地，需要在两个层次上进行明晰。在第一个层次上，需要挖掘地方的美食文化底蕴，把有形的美食资源进行深度转化，给游客提供可以进行消费体验的美食产品。也就是说，美食资源作为一种"物化"的文化载体，是一个地方客观化的社会表征。这种客观化的社会表征，在经过可沟通、可流行的社会话语包装、演绎后，与地方形成了深度的共生关系。这种共生关系被旅游塑造后，也就形成了可供游客消费的美食旅游产品和符号。一旦这些符号融入具体的地方，便成了日常生活的"现实"，即便是一些看似随意的美食景观，也会被以"他者"身份介入的旅游者看作是一场精心制作的文化景观。在第二个层次上，要把早已与本地居民日常融为一体的烹饪土壤和文化智慧果实，通过旅游这一稳定的社会装置，合法化的翻译出来，构成旅游者美食旅游体验中

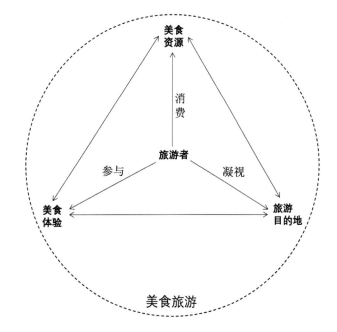

图1 美食旅游模型

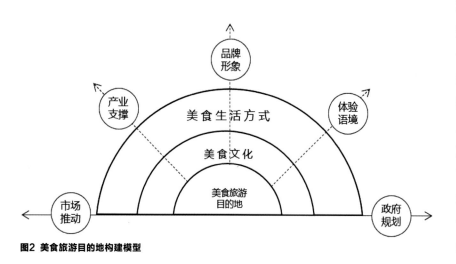

图2 美食旅游目的地构建模型

的重要"话语"。可以说，美食选择的日常生活，是充分融入社区居民文化价值观的定期生产性活动，是一个文化共同体可联系地方和社区的重要依附。当美食成为一个诱发本土意识、加强社会凝聚力的重要手段时，也就形成了旅游者认可的原真美食形象，这样一来在公共领域中出现的、经过旅游翻译过的、具有本土化原真美食形象的本地居民日常，就构成了具有强识别性的在地美食生活方式。

经过两个层次的构建，可以发现一个旅游目的地的成功需要两股力量主导，即自上而下的政府规划力和自下而上的市场推动力。在这两股力量的主导下，借助于"社会准许游客观察目的地的方式"的概念，本文把目的地自身可以重点打造的内容抽象为"品牌形象""产业支撑"和"体验语境"，重点关注外地游客对于目的地的形象感知，外地游客进入到目的地后的本地生活服务支撑，以及本地生活所营造的、体现在公共领域中的具体文化氛围。这三个部分是细化旅游目的地建设的重要抓手，透过这些内容的建设，可以帮助游客更加真切地体会本地居民的生活日常，更加细致地捕捉目的地作为地方主体向外传达的原真美食形象，进而引起某种情感上的共鸣，体会真正的"目的地"和"地方"（图2）。

3 成都——独特的美食旅游目的地

3.1 美食资源，作为成都美食旅游发展的基础

成都，作为川菜的发源地，美食历史悠久、样式多变，各色地道小吃琳琅满目，被饮食专家评价为"一菜一格，百菜百味"。时至今日，以美食旅游为特色的成都已经成为全球最重要的美食中心之一，在世界范围内享有盛誉。成都拥有中国最早的酿酒工厂、最早的茶文化中心、中国第一个菜系产业基地和第一个菜系博物馆（图3），并成为亚洲首个被联合国教科文组织授予"美食之都"称号的城市。

图3 成都川菜博物馆

图片来源：成都川菜博物馆官网

图4 成都锦里　　　　　　　　　　　　　　　　　　　　　　　　　　　　　　　　　　图片来源：摄图网

本文通过整理网络数据，对成都的美食旅游基础资源进行了系统的梳理，主要从美食传统、美食设施、美食活动、美食组织等四个方面，充分展示成都打造美食旅游目的地的基础资源。

（1）美食传统。成都美食包括"七滋八味"的川菜、花样繁多的火锅、独具风格的小吃，并汇聚了川内的名茶名酒。几千年以来，川菜融合了民间菜肴、宫廷菜肴、官府菜肴、市场菜肴、民族菜肴、寺庙菜肴等多种菜系的优点，已创造出3000多个川菜品种、6000余个成熟菜品，成为中国菜系乃至于世界菜系中滋味最丰富的流派之一。四川成都小吃，也是基于丰厚的民间底蕴发展而来，其取材广泛、品种繁多、调味多变，世间罕见。成都美食味型多样，除了令人唇齿留香的美食外，诸如夫妻肺片、担担面、麻婆豆腐、龙抄手的美食典故和传说，也都成为一种独特的美食文化现象，成为本地旅游体验不断挖掘和演绎的文化源泉。

（2）美食设施。通过整理网络上精心包装和整理的成都美食资源，以"美食街（图4）、美食城、美食广场、美食店"检索关键词，经整理后形成了如下设施概况（表1）。

（3）美食活动。截至2017年，成都已经成功举办十四届美食旅游节（图5）。在2017年第十四届成都美食旅游节，成都联合"第七届国际慢食全球大会"，在本地建立了第一个"国际慢食推广中心"。整个节事活动中，首次举办了中外名厨同台竞技活动，这让成都"美食之都"的形象在全球范围内得到了深度传播，进一步引起了国内外媒体和民众的广泛关注。回溯成都的国际活跃度可以发现，早在2016年，成都政府就通过在西班牙、德国柏林、法国、美

表1 成都美食设施一览表

类型	数量	名称	区位
美食街	12	锦里小吃一条街	武侯区武侯祠大街
		沙西美食一条街	金牛区沙西美食一条街星辰路
		一品天下美食一条街	金牛区一品天下大街
		羊西线美食一条街	金牛区羊西线蜀通街
		府南新区火锅一条街	府南新区清溪西路
		诗圣文化美食街	青羊区琴台路
		双楠美食区	武侯区云影路
		玉林—中华园美食区	武侯区玉林街
		科华路—领事馆路美食街	武侯区科华路-领事馆路
		人民南路南延线休闲餐饮一条街	武侯区人民南路南延线
		望平街美食区	成华区望平街
		春熙路小吃街区	锦江区春熙路
美食城	16	绿满家美食城	锦江区上东大街
		御景轩美食城	郫都区滨河路与科化北路
		国际美食城	春熙路南段
		亮点美食城	龙泉驿区江华路
		奴尚美食城	云溪路
		弘民美食城	双流区广都大道
		食在宣美食城	天府二街蜀都中心
		尚都美食城	锦江区中新街
		享福来火锅美食城	金牛区营门口
		中华娱乐美食城	武侯区人民南路
		三国文化美食城	武侯区人民南路
		德商美食城	武侯区天府大道中段
		鸿亚美食城	武侯区剑南大道中段
		新食代美食城	青羊区北打铜街
		空港国际美食城	武侯区新希望路
		九味美食城	成华区邛崃山路
美食广场	10	耍都美食广场	武侯区武侯祠大街
		环球中心.食通天美食广场	武侯区天府大道北段
		神仙气功鱼美食广场	锦江区琉璃场皇经楼
		银石广场	锦江区红星路三段
		将将鲜美食广场	高新区泰和一街
		浣花香美食广场	青羊区一环路西二段
		I love美食广场	锦江区总府路
		龙虾美食广场	武侯区双楠2.5环武阳大道
		新天地美食广场	郫都区望丛东路
		东洪美食广场	锦江区樱花街

国旧金山等国家举办美食文化交流活动，试图推动成都美食走出国门，让世界感受中国成都的文化和城市魅力，这或许也是成都能够成为亚洲首个举办"国际慢食全球大会"城市的原因。

另外，为了协调全球化与区域化竞争的矛盾，成都试图将"美食文化旅游"作进一步的市场细分。借势在当年举办了"美食之都成都火锅文化月"火锅主题活动，将文创理念贯穿到火锅文化月中，吸引了全市上千家门店参与，聚集了火锅微电影、成都美食信箱、火锅明信片、手绘火锅地图等诸多文创元素，拉动区域旅游消费金额增长近亿元。

成都国际美食旅游节事活动，是成都市政府全力支持打造的一个具有鲜明地方特色、国际化、全民性的盛大民俗节日，也是成都地方政府试图通过"美食旅游"深度协调全球化蔓延和区域化竞争矛盾的一种有益尝试，把竞争与矛盾消融在地方的"快乐景观"当中，免除了不同文化之间的强烈对抗与冲撞。

（4）美食组织。成都除了依托于有形可见的节事活动外，更加注重在国际性的美食组织中找到使命相同的"伙伴城市"——先后参加了土耳其、意大利、韩国、澳门等美食之都城市交流系列活动，借助于联合国教科文组织创意城市网络交流平台，与以上城市建立了非常稳固的"伙伴关系"，并成为美食之都协调员城市，在宏大的国际化视野下，搭建了极具影响力的"美食之都"发展平台。

除了在国际化的舞台上找到与自己志趣相同的城市和组织外，成

图5 成都第十四届旅游美食节宣传海报

图6 成都人民公园内的传统茶馆

图片来源：摄图网

都市在国内也成立了相应的美食文化研究会。该研究会是政府联系餐饮文化企事业单位的桥梁和纽带，宗旨是弘扬川菜文化，通过组织区域和地方的美食生活，发掘、创新、发展成都民间厨艺和川菜，并为餐饮企业、消费者和会员提供了出色的服务。在既有的组织框架下，研究会已开发川菜品种78种，有力地丰富了川菜文化，并通过国际化和地域化的专业属性组织协会，构建了自身作为"美食朝圣地"的属性特色。

3.2 美食文化，作为巴蜀文化的核心特征

成都，这一地处川西平原的天府之国，地理位置优越、物产丰富，自公元前5世纪古蜀国开明王朝至今，悠久的历史积淀，为川菜的发展奠定了坚实的物质基础。可以说，川菜之于成都恰如数据之于科研，其美食所承载的文化信息，见证了中华历史的千年沧桑和涤荡演变，是研究巴蜀地区历史的活样本。

成都美食，本就源自生活，脱胎草根，历史悠久且样式多变。外地游客进入成都，不仅能够吃到难计其数的美味小吃，还能够充分感知成都美食餐饮的多样化和丰富性。与此相映衬的是成都休闲、自在的慢生活。体验在成都，游客除却可以享受到味蕾的狂欢和满足，所能够体验到的更是一种发自内心的满足状态。

时至今日，以美食旅游为特色的成都已经成为全球最重要的美食中心之一，在世界范围内享有盛誉。成都街头巷尾的小吃文化、源远流长的茶馆文化（图6）、热烈融洽的火锅文化（图7），都显示出美食文化作为巴蜀文化的核心特征，主要体现在三个方面：（1）平民化。"食在广州、吃在成都"，爱吃的成都市民把每一道成都小吃根植在自己的日常生活当中，并且深刻嵌入到城市的"社会—经济"生活当中。而且，这种文化的普遍性导致了四川小吃只需稍加改造，即可移植在其他区域，传播于大江南北之间。（2）休闲性。民国时期黄炎培曾言"一个人无事大街数石板，两个人进茶铺从早到晚"，描写的正是成都遍地分布的茶馆景观，这种喝茶、搓麻的消遣生活，是方便快捷的小吃美食诞生于此地的重要条件之一。（3）地域性。成都美食味道独特，选料考究，得益于四川盆地独有的地理环境——四周高大的山脉和高原包围，北有秦岭的崇山峻岭、南有云贵高原、西有横断山

图7 红油火锅　　　　　　　　　　　　　　　　　　　　　　　　　　　　　　　　　　　图片来源：摄图网

脉、东有巫山。独特的地貌环境特征，为四川带来了四季分明的节气、无酷暑（长江河谷除外）、无严寒、日照少、潮气重，适宜于多种稀有植被生长，为成都美食的发展与创新提供了宝贵的天然食材库。

4 成都美食旅游目的地的创新与发展

4.1 市场营销手段的包装创新

成都美食旅游市场营销活动，在传统营销手段上不断包装创新。通过让传统的媒体营销与线下推广活动紧密结合的方式，在互联网营销时代取得了极佳的营销效果。除了在知名美食节目《舌尖上的中国》和CNN美食纪录片中宣传成都美食以外，还通过携程、新浪、谷歌、Youtube、推特、抖音等方式宣传成都美食、积极互动，得到了境内外网民的积极响应，出现了许多"网红"美食（图8）。

新时代，成都以"美食+"为创新发展路径，深入发掘美食文化内涵，以美食为纽带，以国际化为桥梁，打造了全新发展理念下的美好城市生活，满足人民对美好生活向往与期待。

4.2 美食生活方式的国际语意构建

成都市政府始终重视以国际化视野和思维打造成都味道，"美食之都"的形象为其带来了良好的国际声誉和世界影响，也成就了休闲之都的城市形象。首先，成都积极加入世界性城市组织，并且重点宣传美食之都的形象和品牌，2010年成都成为首个被联合国教科文组织授予"美食之都"称号的亚洲城市。

其次，成都抢抓国际性重大活动契机，为各国政要、会议嘉宾和国际友人提供美食品尝机会。如德国总理默克尔、美国前第一夫人米歇

图8 成都的"网红"美食　　　　　　　　　　　　　　　　　　　　　　　　　　　　　　　　　周静萱/摄

尔、西哈努克亲王、美国前总统老布什、法国前总统希拉克、英国前首相卡梅伦、G20财长和央行行长等，都曾现场品尝过成都美食龙抄手、夫妻肺片、宫保鸡丁、川北凉粉等中华老字号特色美食，并欣赏川菜雕刻技艺、茶艺表演等内容。成都美食成为令国际政要和名人赞不绝口的城市礼物，也为成都美食的国际化发展提供了正面宣传。

4.3 美食产业支撑与基础服务配套

成都市政府率先在全国把美食、菜系作为产业来抓，2016年成都市政府出台了《关于进一步加快成都市川菜产业发展的实施意见》，提出从全产业链角度统筹规划完善川菜标准体系、夯实川菜产业基础、提升"美食之都"的品牌形象。另外，政府积极鼓励成都本地餐饮企业走出去设立餐饮网点，开展境外川菜美食的展示、品鉴等营销推广活动，积极开拓国际餐饮市场。

成都美食在向外拓展的过程中，积极建设全球川菜标准的指定中心、原辅料生产集散中心、文化交流创新中心和人才培养中心，取得了明显成效。目前，成都美食的复合调味料、鲜菌汤、鱼调料、各种蘸酱等优质产品不仅在国内各地畅销，同时也出口到美国、加拿大、新西兰、瑞士等20多个国家，产业链条发展逐渐壮大。

4.4 智慧美食的创新管理体系

成都，是国内第一批实现通过智慧化手段监管美食旅游行业的城市。为了推进食药治理体系和治理能力的现代化，成都将小作坊、小餐饮、小摊贩等均纳入智慧监管系统，要求其合法经营，实行网格化监管等，全面提升了食药安全监管水平。此外，政府还建立了成都市食品流通溯源电商平台，充分利用互联网、大数据、云计算等现代信息技术,建设来源可追、过程可查、责任可究的食品流通电子追溯系统,保障了食客舌尖上的安全。在此基础上,建立了食品安全检测预警数据中心库,在餐饮行业推行生产工业化、工艺标准化、溯源信息化,才能保障"在地美食生活方式"的安全开展。

5 结语

本文通过对围绕旅游者需求开发的美食旅游活动,进行了理论模型上的抽象与反思,并以成都作为美食旅游目的地案例,进行了深入的研究。在理论创新方面,重新梳理了美食旅游概念模型里旅游者与美食资源、美食体验、和旅游目的地分别存在着"消费"、"参与"和"凝视"关系,并借助于"社会准许游客观察目的地的方式"概念,为美食旅游目的地的创新和发展指明了方向。在案例研究上,总结了成都是如何在现有基础上,通过自身卓越的管理能力和创新能力,深度重构成都美食文化的符号意义,为游客提供了隶属于成都的独特"在地美食生活方式",构建了一个完整的品牌、产业和体验系统,指明了"美食旅游目的地"的建设路径。不足之处,文章中对四川美食设施资源的网络数据梳理,因为无法避免的数据滞后和统计口径问题,可能会造成数据的不完整,未来将在下一步的研究中进行加强。

参考文献

[1] 管婧婧. 国外美食与旅游研究述评——兼谈美食旅游概念泛化现象[J]. 旅游学刊, 2012, 27(10): 85–92.

[2] 约翰·厄里, 乔纳斯·拉森. 游客的凝视[M]. 上海: 格致出版社, 2016.

美食旅游目的地文化原真性重塑路径研究
——基于双向视角的阳朔大师傅啤酒鱼案例

The Authenticity Reproduction in Culinary Tourism Destinations: A Case Study of Master's Beer Fish in Yangshuo

文 / 梁馨文

【摘 要】

本文以饮食文化生产者和消费者双向视角，采用典型人物访谈法，综合探讨目的地美食旅游饮食文化原真性重塑的机制问题。研究发现：地方饮食文化代表与地方饮食文化传统有异。目的地餐厅经营者在保持原真性内核的同时为其赋予了个性化的地方饮食文化意义并进行了原真性符号的强化和取舍。目的地饮食文化原真性在不断经历生产者视角下饮食文化原真性的符号化、消费者视角下饮食文化原真性的符号化以及符号化效果的反馈与响应等三个层次的循环往复过程中实现重塑。

【关键词】

美食旅游目的地；原真性重塑；饮食文化生产者；饮食文化消费者

【作者简介】

梁馨文 中山大学旅游学院旅游管理博士研究生

注：本文图片均由作者提供。

图1 桂林阳朔西街实景

1 导言

美食旅游是地方文化旅游的一个子集[1]。美食旅游目的地具有丰富的地方饮食产品，它强调的是以本土相关的饮食资源作为核心吸引物[2]。目的地餐厅作为地方食物的表征，是展现地方饮食文化原真性的重要场所之一。顾客在美食旅游中搜寻地方的特色餐厅进行饮食消费活动以期获得最正宗的美食体验[3]，并采用一些符号作为餐厅原真性的评判标准[4]。因此，地方餐厅需要考虑提供菜品的原真特性以及如何把它们在有限的空间中以有效的形式呈现出来[5]。一个普遍却常常被人忽略的现实是：家喻户晓的地方招牌美食作为公认的目的地饮食文化代表，也许并非真正意义上的地方传统食品，甚至于它诞生至今的历史还相当短暂。这种融合外来文化基因的饮食品类的出现是目的地饮食文化生产者和外来游客共同选择的结果，是生产者与消费者互动中实现的原真性符号化循环[6]。那么这一原真性的重塑循环过程具体为何？本文试图从饮食文化生产者和消费者双向视角来综合探讨目的地美食旅游饮食文化原真性重塑背后的机制问题。

2 研究设计与研究过程

2.1 案例选择

西街作为阳朔最繁华最古老的街道，有着中西文化融合的历史渊源。发展到今日，西街已然成为阳朔主要的旅游服务街，大部分店铺经营特色主题餐厅、酒吧、售卖阳朔特产。可以说，以西街为旅游目的地的游客，品尝美食是他们的重要动机。在这些琳琅满目的餐馆中，啤酒鱼的招牌最为频繁和醒目。如同当地流传的一句顺口溜"游广西从桂林开始，游桂林从漓江开始，游阳朔从西街开始，品阳朔美食从啤酒鱼开始"，在阳朔的大街小巷，"正宗啤酒鱼"的招牌比比皆是，而西街更是"生炉子的地方就有啤酒鱼"（图1）。

在阳朔过去的美食菜单上，只有艾叶粑粑、香芋扣肉、田螺酿、黄焖鱼等传统菜式。直到20世纪80年代，啤酒鱼由当地的大排档推出，最终成长为阳朔地方美食新一代"掌门人"。啤酒鱼迄今只有十余年历史，它并非外来食品，也并非当地传统美食，而是由旅游市场因势利导的创造性饮食品类，是杂糅了外来饮食文化基因的建构主义原真性饮食文化的典型代表。与跨地域饮食文化生产不同，啤酒鱼的诞生扎根于完整、雄厚的地方文化母体，有其特殊的原真性建构规律[7,8]。而阳朔大师傅啤酒鱼是西街上店面最多、规模最大、名号最响的啤酒鱼餐厅，也是阳朔县首届啤酒鱼王争霸赛唯一金奖获得单位。客观地说，"大师傅"引领了阳朔啤酒鱼产业的发展。因此，本文选取阳朔大师傅啤酒鱼餐厅作为案例地点，展开对于美食旅游目的地情景下饮食文化原真性重塑路径的研究分析。

2.2 利益相关方典型人物访谈设计

目的地餐厅是地方饮食文化生产的重要主体，而游客是文化原真性建构的实践对象，综合内外部视角的饮食文化原真性讨论有利于立体、全面的分析美食目的地饮食文化原真性重塑机制。本文将重点选取生产者和消费者的典型代表，从学者们普遍认可的环境、食物和服务三大方面[9,10]开展深度访谈，对地方餐厅的原真性重塑过程进行探讨。

2.3 访谈过程及结果概述

本文随机选取了在大师傅啤酒鱼餐厅就餐完毕的顾客以及餐厅饮食产品生产者等目的地饮食活动利益相关方共10位人员进行深度访谈。每次访谈结束后，把录音内容逐字转换成文本形式进行分析和归类，遵循扎根理论的思想方法对定性文本资料进行数据编码以确定其属性和维度，并以此为依据调整和制定下一次的访谈计划和提纲，以穷尽调研信息。与此同时，结合收集的二手资料（包括大师傅啤酒鱼创始人诸葛全生访谈实录、大众点评上顾客以及店家互动评论等），对收集到的素材进行命名及类属化[11]，在逐步的总结与访谈实践中透析现象背后的理论(表1)。

表1 访谈对象基本信息汇总表及访谈情况汇总

样本编号	样本性别	访谈对象地域背景	访谈情况
厨师A	男	40多岁，阳朔本地人，掌勺厨师长	访谈时长：30:35
厨师B	男	20多岁，阳朔本地人，掌勺厨师	访谈时长：50:16
厨师C	男	30多岁，桂林人，掌勺厨师	访谈时长：45:49
店长A	女	30多岁，阳朔本地人，分店店长	访谈时长：15:18
服务员A	女	20多岁，阳朔本地人，点单上菜员	访谈时长：30:34
顾客A	女	50多岁，广西游客，医生	访谈时长：40:27
顾客B	女	20多岁，广州游客，自由职业	访谈时长：34:02
顾客C	男	40多岁，陕西游客，私企老板	访谈时长：22:46
顾客D	女	20多岁，湖南游客，教师	访谈时长：37:33
顾客E	女	30多岁，江西游客，企业员工	访谈时长：35:01

表2 访谈资料三级编码过程展示

核心范畴 （选择性编码）	主范畴（主轴编码）	副范畴（开放性编码）	概念（开放性编码）
大师傅啤酒鱼餐厅的原真性重塑	食物原真性	阳朔的家常菜与商品化的地方特色菜	商品化呈现、与地方传统菜存在差异
		阳朔啤酒鱼的地方性体现	地方食材、地方烹饪习惯
		啤酒鱼制作的坚守与改变	火候刀工不变、原料配比适当调整
	环境原真性	大师傅啤酒鱼传统店：大排档风格的沿袭	原真性符号表征
		大师傅啤酒鱼新店：阁楼	原真性与时尚元素
		大师傅啤酒鱼新店：音乐餐吧	音乐与原真影像
	服务原真性	服务人员的来源地	本地、周边
		服务人员的岗前培训	专人专管、专业化
		服务人员的服务过程	熟悉、真诚、热情
目的地饮食文化原真性重塑机制	啤酒鱼地方饮食文化代表身份的建立	地方饮食文化生产者成功的文化构建	比赛获奖、网络营销
		地方饮食文化生产者代表的身份凸显	规模大、独特体验
	啤酒鱼地方饮食文化代表身份的强化	扩大啤酒鱼品牌宣传	主顾互动、危机处理
		名人效应	名流来访
	当地居民对啤酒鱼地方饮食文化代表身份的认同	本地居民对于啤酒鱼地位的默许和认可	本地人向外地人举荐啤酒鱼
	啤酒鱼地方饮食文化代表身份的实践检验	顾客的啤酒鱼身份认知	旅游必吃、标志性食品
		顾客的啤酒鱼用餐反馈	正面感知、认知误解

根据关键词间的逻辑关系，本文将访谈资料按"大师傅啤酒鱼餐厅的原真性重塑"和"目的地饮食文化原真性重塑机制"两大核心范畴进行分类，并在此基础上按"食物原真性""环境原真性""服务原真性""啤酒鱼地方饮食文化代表身份的建立""媒体对啤酒鱼地方饮食文化代表身份的强化""当地居民对于啤酒鱼地方饮食文化代表身份的认同"和"啤酒鱼地方饮食文化的实践检验"进行主轴编码，再以此为基础进行开放性编码（表2）。

3 结果展示

3.1 大师傅啤酒鱼餐厅的原真性重塑

美食旅游的目的是为了寻找并享受目的地独特的美食体验。针对大师傅啤酒鱼餐厅在三大原真性建构方面的具体措施可以梳理出以下信息。

3.1.1 食物原真性

在与厨师B交谈中了解到，"阳朔的传统特色菜就是十八酿，家里不可能全部都有，这里（大师傅啤酒鱼餐厅）的做得比较全面"。而厨师A则告知，"家里面做鱼不放啤酒，会放泉水。"大师傅啤酒鱼餐厅对地方饮食文化的商品化包装呈现出了与地方传统菜肴的差异，这说明地方饮食文化生产者在进行地方文化展演的过程中进行了原真性重塑。

阳朔的啤酒鱼和其他地方的烹鱼方式有何不同？厨师B表示，"草鱼、鲤鱼都是带鳞直接煮的，我们习惯吃鳞。我们这边的啤酒鱼有放笋子，做鱼方法与其他地方不同"。厨师A也提到："焖鱼用的漓泉啤酒是用漓江水酿造的，我们本地人去其

图2 桂林阳朔大师傅啤酒鱼餐厅桂花店

他地方喝啤酒都喝不惯,觉得口感硬,还是家里的好喝。"而厨师C则指出:"我们的鱼基本都是用漓江的鱼,因为漓江里面几个品种是做得好吃点的。用那些外来鱼种的话做出来是没有这种口感的。"啤酒鱼沿袭了地方百姓吃鱼不刮鳞的传统饮食习惯,取用漓江本土河鱼作为原料,漓江水酿造的啤酒作为料酒,而且还加入广西特有的酸笋,啤酒鱼烹饪原料的本地属性以及啤酒鱼沿袭的地方传统烹饪特色,充分保证了啤酒鱼不变的原真性内核。

面对口味各异的四方游客,厨师A指出:"如果不放辣椒,啤酒鱼的味道会出不来。"那么,餐厅最终是如何应对的?厨师B答复道,"都是按照顾客选择,有些顾客喜欢特别辣,那肯定要满足他们的。有些不吃辣椒的,所以就不放辣椒。"当被问及"如果不放辣椒,会不会就不是正宗的啤酒鱼"时,厨师B解释说,"不是这么说的,只是口味不一样。辣椒和西红柿那些可以变。根据(顾客)个人口味要求,不要的话就不放。我们坚持不改变的是调料的配比,按照鱼的大小调整用量。火候是不变的,就是鱼要煮多久这些不会变,主要看鱼有多大。"调料用量和烹饪时长是啤酒鱼特殊口感的重要保证,除此之外,灵活的味觉调整体现了原则之外的饮食习惯协商,它不但没有改变地方食物原真,反而促进了地方饮食文化的传播和推广。

3.1.2 环境原真性

大师傅啤酒鱼分店装修风格各异,但都是过去漓江边阳朔居民日常生活的真实写照。总店、旗舰店、体验店和斑鱼店选取渔民生活的细节进行原真性表征，运用木料材质、鱼篓、渔灯、棚船、煤灯、瓷碟、瓦片、游鱼、花草等元素凸显"渔"和"鱼"的主题，让顾客一走进餐厅就能识别出浓厚的"乡土气息"，初步形成原真性感知，确认走进的是制作正宗啤酒鱼的餐厅。音乐餐吧、桂花店、喜鹊餐厅虽然走的是时尚路线，传统土墙、瓦片、土砖等装饰依然清晰可见，地方民俗影像循环播放，在黑色的欧式吧台中回归田园，在强烈的色彩碰撞中返璞归真（图2、图3）。可以说，餐厅的乡土原真与全球化背景下的潮流时尚相得益彰，毫无违和感。就如同顾客A提到的："进去之后看到餐厅墙壁上（嵌入）的瓦片啊，还有（装饰的）竹子啊、挂的绣球啊，都有当地民居的特色。"餐厅通过抓取地方文化片段，集中于小范围的环境空间中进行原真性营造，实现了原真性符号的凸显，也促进了顾客对于餐厅原真性重塑的感知。

3.1.3 服务原真性

关于服务人员的身份来源，店长A指出，"这里的服务员都是本地人"。餐厅通过服务人员的身份原真，实现了原真性服务的初步重塑。与此同时，餐厅还通过啤酒鱼制作规范的培训，进一步保证了餐厅服务上的原真性。厨师B表示："（我们）有经过培训（学习）做他们店里面需要的这种菜（啤酒鱼）。（店里）有专门做啤酒鱼的（大厨师），不过现在基本上每个师傅都会做。以前培训啤酒鱼做法的是大老板，那时候（厨师队伍里）还没有那么多人。"而厨师A也保证说："啤酒鱼的制作有大师傅培训，是专人专管（啤酒鱼烹饪）的。"这在客观上解释了大师傅啤酒鱼能在旅游高峰期迅速响应游客需求、保证原真性食物供应的缘由所在。厨师C也强调说："我们推荐的肯定是最好吃的。因为很多游客不知道广西的特色，乱点，点得不好，客人吃得不舒服，讲你的东西不好吃，就会有意见嘛。我们的服务员对每一个菜都很熟悉，因为我们都是培训过的。"游客对地方饮食文化越熟悉，就越能表现出文化认同[12]，因此，地方特色菜肴的宣传与引荐服务，也是目的地餐厅短时间内缩小顾客原真性感知距离的重要策略。

3.2 双向视角下的目的地饮食文化原真性重塑机制

3.2.1 啤酒鱼地方饮食文化代表身份建立

2004年以前，阳朔的啤酒鱼行业一直不太规范，啤酒鱼的色香味形也不尽如人意。首届阳朔啤酒鱼大赛后，金奖唯一得主诸葛全生注册了"大师傅"商标，并在生意开始火爆之时迅速开展网络营销，吸引众人慕名前来品尝和学习制作阳朔啤酒鱼。客观地说，是"大师傅"引领了阳朔啤酒鱼产业的发展[13]。大师傅啤酒鱼名声在外，很大部分也得益于餐厅良好的饮食经营理念。目的地餐厅作为展演地方饮食文化原真性的窗口，越能提供本地风情和独特体验的餐厅，就越有可能塑造出符合顾客期待的原真形象。如同顾客A和顾客D共同指出："去之前不知道阳朔有什么特色美食，但是去了西街看到有很多的啤酒鱼分店，都是大师傅啤酒鱼，就自然地认为他是阳朔特色。"来自文化建构者和文化体验者的双重力量，使得啤酒鱼的饮食文化代表身份得到了成功的凸显和识别。

图3 大师傅啤酒鱼餐厅内部

图4 大师傅啤酒鱼餐厅的口碑营销

3.2.2 啤酒鱼地方饮食文化代表身份强化

无论是微博推送还是攻略部落,啤酒鱼作为阳朔地方特色名菜都网上有名。注重口碑营销和线上[14]食客互动是啤酒鱼饮食文化代表身份强化的重要保证。

网友点评1:"好吃,第二次开吃了,量还是很足,要了超辣的感觉还是不怎么辣,餐厅装修得很漂亮、很新,用餐全程有歌曲。"店家回应(节选):"要了超辣还是觉得不怎么辣吗?本地的小米椒是很辣的,在当地自然食材里也是顶级辣了。"

网友点评2:"哇,这里的菜好吃到不行哎!这个啤酒鱼真的让我在视觉上耳目一新,味觉里真的喜欢到想把这个汤都喝完,再一个就是这里的青菜嫩、味鲜。还有这里的驻唱歌手,每一个都给我留下了深刻印象。就像在夏天里吃冰激凌仍然能感受冬季的凉,耳边轻轻拂过脸颊的风仍留清凉。"店家回应:"啤酒鱼是阳朔最具特色的美食,好吃的鱼会让人连汤都喝完的,本地人常说:'鱼汤泡饭,鼎锅乱烂',就是这个道理。"

网友点评3:"不错,很好吃呀!服务态度也非常热情。第二次来啦!"店家回应:"感谢您的光临和好评,阳朔风景美丽、空气清新,值得常来,在游山玩水之余尝尝本地的美食啤酒鱼,听听原生态的壮族山歌,感受惬意的旅游生活,大师傅啤酒鱼餐厅期待您的再次到来。"

网友点评4:"饭都吃完了菜还没有上完,如果说吃饭的人多倒是可以理解,然而……"店家回应:"谢谢您提出的宝贵意见,我们3月30号开始试营业,有一些相关的设备在调试,导致上菜速度慢、漏单等问题,现在我们已经在加进调试设备,谢谢您的批评与理解。PS:花田错(网友的网名)姐姐很美。"

餐厅在顾客回应中适时进行菜品推介和危机公关,一方面助推顾客的重购意愿;另一方面也为潜在顾客植入"啤酒鱼是正宗的阳朔地方美食""阳朔正宗啤酒鱼代表餐厅""名

气很大"等相关的符号意识,进行啤酒鱼原真性的概念强化。这一点也在与厨师B的交谈中获得证实:

笔者:"你们是比较重视口头的评价还是网上的?"

厨师B:"网上的。"

消费者感知是建构饮食文化原真性的重要决定因素[15]。大师傅啤酒鱼为顾客建立情感的表达渠道以及餐后意向的实践通道,为阳朔地方美食文化原真性重塑的方案落地提供了良好的条件。与此同时,借助名人效应和媒体公信力加强营销,也是大师傅对于啤酒鱼原真性代表特质的进一步彰显(图4、图5)。

3.2.3 当地居民对于啤酒鱼地方饮食文化代表身份认同

当问及阳朔本地饮食习惯时,在阳朔土生土长的厨师B说道,"家里做十八酿品种不会像这里(大师傅啤酒鱼店)这么全面。鱼嘛,有很多种做法,想吃什么就做什么。但是朋友来玩我会向朋友推荐啤酒鱼。"久居阳朔的厨师A也提到,"我们这里来吃啤酒鱼的人很多。如果亲戚朋友过来玩,没有吃到啤酒鱼会觉得遗憾,所以说都会过来吃。"虽然阳朔的传统家常食物并非啤酒鱼,但掌握着地方饮食原真话语权的本地居民却对其"特色美食"的身份持默认态度,这也许是源于啤酒鱼对阳朔旅游服务职能和商业价值的日渐显现。

3.2.4 啤酒鱼地方饮食文化代表身份的实践检验

顾客是目的地饮食文化的外部观众,在接收地方文化的同时,也存在着主观感知和评价。正如顾客A认为的"啤酒鱼味道不错,环境有当地民居的特色,服务员都是当地人,音乐会放刘三姐的歌曲,餐具很特别,(感觉)有点惊喜,很超值的体验感受"等正面评价,以及顾客D提出"体会不出阳朔的风情,啤酒鱼的味道其实很一般"。顾客E发出的"不知道为什么叫啤酒鱼,尝不出啤酒味""觉得不正宗""正宗的也不觉得好吃"等抱怨。对此,厨师A回应道:"火候把握得好的啤酒鱼是吃不出啤酒味的,因为加热之后,啤酒都已经全部挥发了,加啤酒只是为了让鱼肉滑嫩和去腥。"顾客对于啤酒鱼饮食文化有赞同,也有理解偏误。增强饮食产品文化背景的宣传、突出食物的原真性文化属性、建立良性的顾客反馈系统是对于地方饮食文化代表身份的实践反思,也是目的地餐厅原真建构的重要参考。

4 结语

本文通过调查,得出的结论如下:

(1)地方饮食文化代表与传统地方饮食的差异。大师傅啤酒鱼餐厅致力于为西街游客提供阳朔本土美食,在保证食品原真性内核的基础上进行食物的商品化包装,使之成为地方饮食文化的缩影,这呼应了曾国军等提出的"符号"会成为顾客对原真性感知标准的观点[16]。餐厅主打菜品啤酒鱼并非当地居民餐桌的常客,却是游客在西街用餐时所认定的阳朔地方原真性食品代表,意味着啤酒鱼象征意义的原真性是依据游客偏好进行组织和设计的"原真效果"[17]。事实证明,这一"重塑的原真性"是目的地吸引顾客的重要手段和品牌资产[18]。

(2)地方内部对啤酒鱼原真性的身份鉴定。虽说啤酒鱼不仅是在短期内建构出来的目的地美食招牌,而且杂糅了外来的饮食生产文化(啤酒酿造技术),但是它依然有着地域性传承和地方特色:沿袭地方百姓吃鱼不刮鳞的传统饮食习惯,取用漓江水养育出来的河鱼作为原料,烹饪所用啤酒口感独特、是漓江水酿造的,而且还加入广西特有的酸笋等等,啤酒鱼具有取材上独一无二的地域性和客观原真性,从餐厅经营者视角,啤酒鱼食物本身的原真性有章可循。而本地居民默认啤酒鱼的饮食代表身份,并为外地朋友极力举荐的行为,是经济的驱动,也是啤酒鱼为他们带来的地方自豪感和身份认同感[19]。

(3)餐厅个性化原真性重塑的舍与得。符号化是地方饮食文化原真性展示的必要过程。消费者对地方餐厅的真实性感知往往建立在体验地方菜肴的味觉、餐馆室内外环境的视觉以及与服务员互动的总体评价上。正宗的地方餐厅品牌可以很容易被潜在顾客认出,符号化越明显的原真餐厅往往可以更容易成为地方饮食文化生产者的代表[20]。厨师们依据顾客的喜好放弃绝对的标准化,这印证了Liu提出的:在原真性的重塑过程中,为了适应更多不同的消费群体,地方餐厅会倾向于放弃部分原真性符号的看法[21]。处于地方强大文化母体下的地方餐厅并不需要过度的标准化以突出其原真特性[22],但是烹饪技艺沿袭所昭示的文化坚守,又恰恰回应了曾国军等提出"标准化是原真性保障"[23]的观点。

图5 大师傅啤酒鱼的营销：漓江芝麻剑骨鱼

综上，餐厅经营者为阳朔啤酒鱼赋予了丰富的地方饮食文化意义，这一文化内涵与啤酒鱼本身共同构成生产者视角下的第一层文化原真性重塑；加入游客的用餐体验作为上述客观符号的主观解读，建构出游客视角下的文化原真性符号，完成第二层原真性重塑；顾客深入感知地方饮食文化特色、体会餐厅原真性符号意义[24]的识别结果又反过来作为生产者下一轮原真性重塑的前置因素——顾客期望的原真性和实际感知的原真性相符时，强化上一轮原真性的重塑成果；反之，则需进行符号化修正（包括符号数量的增减或者符号特性的取舍），这一顾客体验的反馈效应即为原真性的第三层重塑。如此反复，三个原真性符号化阶段的交替构成闭合的循环系统，即双向视角下目的地饮食文化原真性重塑总体路径机制（图6）。

原真性重塑是一个动态的过程，它的内涵和外延随着时间推移历经变迁。所谓的原真性，是各方社会资本博弈中的演化结果。地方饮食生产以其独特的形式，在解构和重构循环中不断传递着社会发展的文化意义。

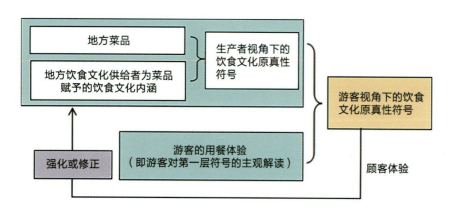

图6 双向视角下的目的地饮食文化原真性重塑总体路径示意图

参考文献

[1] Ryan C., Chaney S. Analyzing the evolution of Singapore's World Gourmet Summit: An example of gastronomic tourism [J]. International Journal of Hospitality Management, 2012, 31(2): 309–318.

[2] 管婧婧. 国外美食与旅游研究述评——兼谈美食旅游概念泛化现象[J]. 旅游学刊, 2012, 27(10): 85-92.

[3] Sukalakamala P., Boyce J B. Customer perceptions for expectations and acceptance of an authentic dining experience in Thai restaurants[J]. Journal of Foodservice, 2007, 18(2): 69-75.

[4] Jugård, Åsa, Modig P. The meaning of authenticity in the experience industry: An exploratory study of Swedish concept restaurants[J]. Journal of Tissue Engineering & Regenerative Medicine, 2009, 8(12): 157-158.

[5] Chhabra D., Healy R., Sills E. Staged authenticity and heritage tourism[J]. Annals of Tourism Research, 2003, 30(3): 702-719.

[6] 曾国军, 刘梅, 刘博, 等. 跨地方饮食文化生产的过程研究——基于符号化的原真性视角[J]. 地理研究, 2013, 32(12): 2366-2376.

[7] 同[6].

[8] 曾国军, 李凌, 刘博等. 跨地方饮食文化生产中的原真性重塑——西贝西北菜在广州的案例研究[J]. 地理学报, 2014, 69(12): 1871-1886.

[9] 同[3].

[10] 同[8].

[11] 陈向明. 质的研究方法与社会科学研究[M]. 北京: 教育科学出版社, 2000.

[12] 蔡晓梅, 朱竑, 刘晨. 顾客对情境主题餐厅表演的感知研究——以广州味道云南食府为例[J]. 人文地理, 2012(1): 119-126.

[13] 张迪, 韦懿雁. "大师傅": 引领阳朔啤酒鱼产业发展——访阳朔大师傅漓江啤酒鱼连锁店董事长诸葛全生[N]. 桂林日报, 2014-07-29.

[14] 大众点评. 阳朔大师傅啤酒鱼[EB/OL]. https://www.dianping.com/search/keyword/226/0_阳朔大师傅啤酒鱼.

[15] 曾国军, 孙树芝, 朱竑等. 全球化与地方性冲突背后的跨地方饮食文化生产——基于广州的案例[J]. 地理科学, 2013, 33(3): 291-298.

[16] 同[6].

[17] 同[12].

[18] 同[3].

[19] Sangkyun K., Ellis A. Noodle production and consumption: from agriculture to food tourism in Japan[J]. Tourism Geographies, 2015, 17(1): 151-167.

[20] Lu C. C. A., Gursoy D., Lu Y. C. Authenticity perceptions, brand equity and brand choice intention: the case of ethnic restaurants[J]. International Journal of Hospitality Management, 2015, 50: 36-45.

[21] Liu Q. S. L., Mattila A. S. Ethnic dining: need to belong, need to be unique, and menu offering[J]. International Journal of Hospitality Management, 2015, 49(08): 1-7.

[22] 曾国军, 刘梅. 饮食地理与跨地方饮食文化生产[J]. 旅游学刊, 2013, 28(3): 9-11.

[23] 曾国军, 孙树芝. 跨地方饮食文化生产: 鲜芋仙的原真标准化过程[J]. 热带地理, 2016, 36(2): 151-157.

[24] 钱凤德, 管婷婷. 传统美食对城市旅游形象的影响及发展对策——以南京"秦淮八绝"为例[J]. 美食研究, 2017, 34(1): 29-34.

广州椿里

美食旅游：产品与体验
Culinary Tourism: Products and Experiences

王翎芳　徐尧鹏　　乡土食材转化为美食旅游体验产品——以翎芳宴为例

谢灵君　李　霞　Nora　浅谈乡村深度人文旅行产品中的乡土美食创新——以大地乡居·风景食课为例

陈瑾妍　张玉钧　尚琴琴　熟悉度对美食旅游体验质量的影响研究——以黔东南黎平肇兴侗寨为例

图片来源：广州椿里提供

乡土食材转化为美食旅游体验产品——以翎芳宴为例

Transforming Original Rustic Food Materials into Experiential Products of Culinary Tourism: A Case Study of Lingfangyan Restaurant

文 / 王翎芳　徐尧鹏

【摘要】

人类对于美食的追求是一个亘古不变的话题。自新石器时代早期人类自制简单的石磨将原料磨制成粉状食材开始，人类对美食的探求就已经步入历史轨迹。在历史的不断演进中，美食的作用区别于食物，甚至远远超出了温饱的意义，它更像是一种艺术，一种文化的传承与变化，一种超越了人类基本需要的、存在于本我之上的自我甚至超我的意义。除此之外，饮食为世人生活之刚需。这种刚需若提升为美食并应用在旅游方面，美食对于旅游的推动便不仅仅是味觉上的，更是视觉、触觉乃至精神上的，甚至可以成为一种吸引游客到来的IP。笔者发现在乡土旅游美食开发这一课题内，食材往往是地区的优点，但乡土特色美食往往存在着很多不完善的地方，甚至是开发方向的误区。本文中，笔者以"翎芳宴"的实际操作为例，质化研究一种对于乡村乡土美食进行基于本质与文化的服务提升及食材利用的转换模式，从而将乡土食材转变为美食旅游体验产品。

【关键词】

乡土食材；美食旅游；美食层次理论；翎芳宴

【作者简介】

王翎芳　翎芳魔境品牌及翎芳宴创始人

徐尧鹏　翎芳魔境品牌及翎芳宴创始人

注：本文图片均由翎芳宴提供。

1 美食为什么对城市旅游人口如此重要?

1.1 城市人口对乡村美食的刚需

旅游已经成为当下社会人群生活的一部分,越来越多的人在节假日期间选择旅游为休闲方式。而随着社会境况的变更和生活条件的变化,人们对旅游目的地的选择逐渐由大型、现代化城市转向乡野。国内旅游抽样调查结果显示,2018年上半年,国内旅游人数达28.26亿人次,比上年同期增长11.4%,其中,城镇居民19.97亿人次,增长13.7%;农村居民8.29亿人次,增长6.3%。国内旅游收入2.45万亿元,比上年同期增长12.5%,其中,城镇居民花费1.95万亿元,增长13.7%;农村居民花费0.50万亿元,增长8.3%。[1]逐年增加的国内旅游收入及旅游人次促进了乡村旅游发展到新高;而其中,城市旅游人口是乡村旅游人口的2倍。可见对城市人口来说,假日去乡村品尝美食的需求便更加迫切,也造成对乡村旅游饮食的需求增加。

1.2 乡村饮食品质为何无法跟上城市旅游人口的需求

为什么乡村饮食至今还是停留在农家乐?并非农家乐不好,在农家乐反而能体验到最地道的当地美食特色,甚至包含历史与文化,但是2018前三季度浙江省旅游大数据报告显示,外出旅游住酒店,酒店的餐饮美食逐渐不能满足游客需求,于是游客住酒店点外卖趋势增长明显[2],国内旅游的饮食无法达到中高标准需求。饮食的改善,往往只是游客的希望。

笔者实际于乡村观察,发现如今的乡村饮食存在以下几个问题:
(1)卫生设施差,监督管理难度大;
(2)大量复制,菜品缺乏生命力;
(3)厨师来源不一,缺乏系统培训;
(4)地域封闭性,缺乏心理建设;
(5)宣传范围小,宣传能力有限。

上述问题造成国内的旅游饮食大多集中在景区的饮食一条街,集中化、制式化的饮食无法突出当地食材的珍稀及优点,也容易因为店家同质性高,彼此为了吸引游客而竞争,更容易为了竞价而压低成本,导致食材真伪难辨、用量减低。同时,大量使用调味料、便宜的塑料餐具、服务品质的低落及餐饮卫生的不讲究,都是国内旅游餐饮的硬伤。

难道,国内的旅游饮食水平真的无法提升吗?

我们所规划的翎芳宴,就是为了改变这些硬伤而产生的,其核心在于使乡土食材转变为美食旅游的体验产品。本文便围绕翎芳宴到底如何实践这个核心,以可供参考的案例进行论述。

2 乡土食材如何转化为美食旅游

2.1 从环境旅游演变成情境旅游

在国内旅游刚开放时,每个景区强调的都是景点,拼的都是增加AAAAA级景区的数量。管理层认为游客是去看风景的,对于游客的体验考虑较少,甚至连公厕的建立及维护也是近年才开始精进。遗憾的是,直到现在,乡村景区的饮食依然还停留在观看景点的附加配套地位上。

翎芳宴追求人为主的情境旅游,旨在使旅游目的地实现差异化,把人放在旅游的第一位,以美食为切口,创造新的情境旅游方式;让游客在乡村吃得有仪式感和共鸣感,将乡村景点、历史文化和乡村的农产(乡土食材)结合起来,做一桌有仪式感的宴席,让游客在吃饭的一小时内感受到当地饮食的特殊性。这种结合美食仪式感的情境旅游是主动性的,而非被动地让游客自我寻找,这也是让游客最快融入旅游目的地的方式。

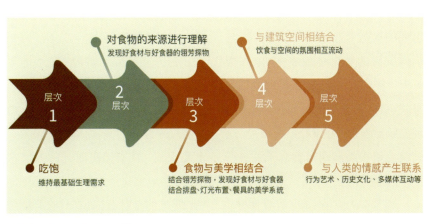

图1 翎芳宴美食理论的五个层次

2.2 翎芳宴美食层次理论

于情境旅游的基础上，美食如同马斯洛需求层次理论，乡土食材要变成美食旅游体验产品，最重要的就是必须将食材先转变为进阶的层次，游客不仅仅要吃饱，更需要追求精神面的更高层次。翎芳宴美食层次理论大致区分为以下层次（图1）：

第一层次：维持生理需求。人类最基础的需求就是维持生存，食物也是一样，那就是提供能量，让人类满足基础生理和生存需求，这个阶段的食物谈不上"美"，只是活着的基础要素。

翎芳宴的应用阶段：寻找适合的食材。

第二层次：对食物来源进行理解。当人类对食物的饱足产生满足后，接着会想理解口中所吃的食物来源到底是什么？从何而来？了解更多更能思考如何烹调美食，这是人类与生俱来的好奇心，也是这种好奇心驱使着人类进步。2017年，加州伯克利分校（UC Berkeley）教育学家杜贝（Rachit Dubey）及心理学家格里菲斯（Thomas.L.Griffiths）发表了论文 *A Rational Analysis Of Curiosity*，论文中建立了好奇心的模型，并指出人类的好奇心不仅对刺激的属性敏感，而且还会受到环境本性的影响[3]。如果需求概率和刺激出现的次数是相互独立的，人们对新鲜刺激的好奇心是最高的。人类每天寻找食物，从各式各样的食物中寻找可食、可烹调的可能性，刺激出现的频次增加，好奇心不断增进，这同时也使人类试图对食物来源进行更多的理解。

翎芳宴的应用阶段：寻找食材，了解食材来源，包含独特的养殖或种植技术，理解农户或养殖户的方法对食材的影响，进而研发出最佳处理及烹调食物的方法。

第三层次：与美学相结合。当人类不仅仅是追求饱食，而且已经从烹调上满足了口腹之欲后，会开始思考进入美学的层次，即开始追求精神层面的成就。这个阶段会考虑食器的功能性和精致性，还有排盘、仪式感（甚至通常结合宗教的仪式感）。这个阶段与马斯洛提出的"人类的需求"对应起来，正好也是第三阶段的"情感与归属的需要"，足见马斯洛虽以人类需求分层，翎芳宴美食层次也与之相同，在第三层次同样开始追求情感面的抵达。

翎芳宴的应用阶段：研发出创新的料理后，加强排盘的视觉呈现，便于游客在网络传播。

第四层次：与建筑空间相结合。有了食器作为基础的装盛功能，有了排盘、灯光等基础美学的追求后，人类开始将视角转移到能与美食匹配的环境中，开始关注用餐时的环境氛围。这一阶段可以说是目前许多高级餐厅或是特色餐饮达到的层次。在特殊或优美的空间内用餐，注重环境的舒适、照明的氛围以及摆设的重要，甚至连建筑的故事、背景与文化历史都有所呈现，这就是翎芳宴美食层次的第四层次。

翎芳宴的应用阶段：在当地最有历史与故事的老宅中享用翎芳宴，让创新的食物与建筑产生联结，游客透过翎芳宴的美食、视频、说菜、上菜仪式、具有历史时光的人文故事，对当地文化产生联结与兴趣，明白自己吃的是什么，处在什么样的空间中。

第五层次：与情感联系、回馈社会。翎芳宴美食层次最高层，就是综合以上的所有阶段后，升华到最高的道德层次，与人类的情感产生联系，同时思考到反馈社会的公益阶段。这与马斯洛人类需求层次最高级相同，也就是自我实现的需要。人类需要透过精神面的提升、社会的公益，得到自我救赎与自我实现。这个阶段已经不能以好奇心模型来类比，人类不再停留于追求刺激、趋向平稳，而是需要通过自我实现来满足。"为满足自我实现需要所采取的途径是因人而异的。自我实现的需要是在努力实现自己的潜力，使自己越来越成为自己所期望的人物"[4]，马斯洛的这段话很具体地体现了人类因为自我尊重的实现而产生对自我的期望。通过公益回馈社会也是人类美食最终走向的最高层次，这同样也是翎芳宴的终极目标。

翎芳宴的应用阶段：翎芳宴的宴席当中，以艺术及多媒体与食客产生互动，让食客能够透过艺术手段，进而与美食及文化沟通；其次，利用翎芳宴在乡村落地的契机，建立一个公益平台，主要以提升乡村妇女生活美学的课程为主，教会妇女自制乡村特色便当、咖啡、饮料、点心等，让乡村自我致富，此公益平台所有的净收入回馈给乡村，让乡村能够持续运营。

3 翎芳宴美食层次理论的应用实践

有了上述翎芳宴美食层次理论的支撑后，翎芳宴就利用这个理论针对国内外各乡村的饮食，尤其是乡土食材进行转化，使其成为美食旅游体验产品。以国内外四个已经操作过的案例来说明。

3.1 陕西留坝翎芳宴

3.1.1 背景

留坝县距陕西省汉中市大约一个小时车程，地处秦岭深处。目前该县城无火车站及机场，去留坝最近的方式除了自驾外，就是抵达汉中市后，以巴士接驳。但是也因不便的交通区位及大范围的农产林业，留坝县至今依然保留着相当原始的森林样貌，高达91%的森林覆盖率使得该县城的食材原料非常绿色。可以说食材是留坝最具优势的饮食条件。

3.1.2 困境

留坝虽然食材丰富，但是当地饮食菜色却缺乏创新。地处川陕辐射区域，饮食以辣麻多油为主的留坝，虽然可以吸引西安、汉中的游客前往，但许多自驾的南方游客（如广东、福建、浙江等地）却无法适应，甚至因为饮食的不适应，造成外省游客于景点短暂停留，导致酒店民宿的入住率低下。另外，当地的烹调方式对某些食材来说，虽然能达到极大化的利用，却让许多外地游客无法接受。如：珍稀合法养殖的大鲵（俗称娃娃鱼），当地烹调方式以煮汤、红烧等为主，但大鲵却是切成整块后，连皮带头、足、尾巴等一起入锅大火快炒。许多游客对大鲵不熟悉，第一眼看见只会产生恐惧，且食之口感不佳。有游客反应大鲵的外皮粗糙，甚至有"刮喉咙"的感觉，因此不再品尝大鲵。殊不知，大鲵是留坝县的高经济养殖食材，价格昂贵，且能帮助养殖户较快速地获得收入，

图2 大鲵食材制成的"娃娃抱鱼"

图3 留坝棒棒蜂蜜制作的甜点

却仅因为当地料理方式传统守旧，使得大鲵的销售每况愈下。

3.1.3 成果

翎芳宴以寻找食材并研发吸引游客的新样式美食为重点。虽然饮食必须创新，但考虑到留坝目前的游客来源还是以西安汉中等地为主，外来游客比例较低，所以料理口味也不能贸然中断当地游客喜爱的传统椒麻口味。因此除了大量利用原食材的优势外，还必须保留适度的传统口味，在此基础上进行创新。

以前面提到的大鲵为例，翎芳宴将大鲵的鱼肉做成鱼丸，在里面加入了椒麻的口味。紧实的大鲵鱼肉加上椒麻味，达到了绝佳风味，并

将鱼丸设计成鲍鱼的外形,取名"娃娃抱鱼"的谐音,寓意吉祥,让游客更能接受、更喜于传播(图2)。同时,设计成鱼丸方便速冻,解决了传统大鲵生鲜不利于外送的问题,让游客方便购买携带,利于当地大鲵产业的销售增长。

根据翎芳宴第一次举办时游客的反馈,原本不敢吃大鲵的游客反而能接受"娃娃抱鱼"的口感,并且表示能够持续接受。而当地传统游客品尝的感受是,兼顾了椒麻口味,推翻了原本以为只是南方鱼丸淡口做法的疑虑,加之排盘不再是传统红烧一锅端的做法,而是以留坝当地废弃木头手工制作而成的木头盘器摆盘,凸显留坝当地森林覆盖率高的绿色形象,更具美观。

另一个案例是,将留坝深山中最古老的棒棒蜜,很形象地设计成蜂巢糖的形状,结合蜂巢蛋糕,成为造型抢眼且独一无二的一款甜点,同样盛摆在手工木制的餐盘上,拍照好看,自然就更容易传播(图3)。同时配合翎芳宴每道菜都有拍摄的短视频片段,让食客在享用甜品的同时,也能理解留坝棒棒蜜一年一收的浓郁香甜与珍稀。

3.1.4 翎芳宴美食层次理论的落实阶段

在翎芳宴的美食层次理论里,通过用餐时同步播放的探物纪录片短视频及笔者于现场介绍食材来源与做法,达到了第二层次;食客除了吃饱,还能通过盘器、摆盘的设计,感受不同于传统留坝农家菜的精致,同时研发出应用留坝乡土食材的创新料理做法,更适合食客手机拍照传播,这达到了第三层次。由于

图4 火烧店镇吊桥咖啡,翎芳宴将利用起来,成为公益平台

图5 留坝翎芳宴的厨师甄选及村姑培训

图6 留坝翎芳宴在火烧店镇村姑培训过程

留坝翎芳宴提供的用餐环境是由火烧店镇的老供销社改造而成的会议厅，为了提供未来村民会议及游客中心的功能，所以几乎全部是以现代化方式改建。改建后的供销社增加了时尚的感觉，且安装空调、音响及大屏幕，便于视频及说菜进行，食客在此能感受到舒适的用餐环境，但比较可惜的是，这房子的历史和文化与饮食无法联结起来。如果翎芳宴的用餐环境能在火烧店镇的第一间传统砖房举办，那就更加完美，将能达到翎芳宴美食层次理论的第四层次。

翎芳宴正在留坝进行落地项目，其中翎芳宴的用餐环境，笔者建议改变到重新装修的火烧店镇的第一间青砖房，先将美食与有故事的老宅结合，提升到第四阶段层次。接着，在镇里吊桥旁有个尚无人运营，已经整修后的小咖啡厅，翎芳宴将在此启动美食层次理论的第五层次，也就是与当地村民合作建立第三方的社会公益企业（图4）。翎芳宴将在此开启课程，主要是提升村妇的生活美学水平，教授她们以留坝食材制作专属火烧店便当、蜂蜜饮料、农家腊肉三明治等，让咖啡厅成为当地村妇聚集生活的地方。同时辅导村妇成为店长，让吊桥咖啡厅、乡村能够自我运营获利，将所得全部回馈乡村，也将达到翎芳宴美食的第五层次（图5、图6）。

3.2 广东梅县翎芳宴
3.2.1 背景

广东省本身就是较为富庶之地，梅县位于广东偏北，是许多客家先祖离开家乡、远渡重洋到南洋经商的起点，加上事业成功的华侨回家乡后，带动西方及南洋文化进入梅县，使得梅县本身就具备文化输入和输出的优势，在取得食材方面相对容易。但事实上，梅县与其他广东地区县市并没有太大的区别，所以一般在此的旅游人口大多不太重视饮食的独特性，也已习惯享用地道传统的客家菜，如梅菜扣肉、盐焗鸡、客家丸子等传统菜。

3.2.2 困境

梅县的旅游痛点在于虽然客侨文化底蕴深厚，但缺乏吸引年轻游客的能力。首先，这里没有其他知名景点的独特迷人风景，如留坝的森林资源与金秋的艳丽，也没有知名古老景点，如北京长城、南京明陵、西安秦俑等，只有遍地的稻田与古老的客家围龙屋。毕竟不是所有年轻游客或外地游客到梅县，只想看到稻田、围龙屋，以及品尝古老的传统客家菜，所以在

图7 梅县翎芳宴，笔者训练当地大厨

旅游上着实因为缺乏特色与差异而难以推展。

3.2.3 成果

与留坝不同，梅县不具备与他乡不同的独特食材，只有大家熟悉的客家菜系，但这并不妨碍美食可以变成推动旅游的主要出口。首先翎芳宴从梅县客家菜当中寻找最具当地特色的代表菜，结合创意进行以年轻游客能接受的国际风格而改造提升，以注重"快销、外带、一人食"的概念为重点；接着聘用当地素质较高且配合度较高的厨师并对当地村妇进行服务培训（图7），最终在百余年的传统客家围龙屋享用美食。

以其中一道目前已是网红热门的翎芳宴菜色"梅菜扣肉伴腊肉汉堡包"为例（图8），对最传统的梅菜扣肉进行改造，将美式汉堡中的汉堡牛肉以梅菜扣肉融合猪肉的方式

替换，在汉堡肉上淋上自创酱料及客家腊肠，这款从没人想到过的招牌料理，以崭新的方式面世后立刻引起媒体的关注，甚至还有北京的客人专程搭飞机前往享用。据店家说，这道梅菜扣肉汉堡吸引了许多年轻人来尝试，有位曾经在麦当劳工作的年轻人甚至表示，有了这款家乡味的汉堡，再也不去麦当劳了。

图8 梅县翎芳宴中的网红——梅菜扣肉伴腊肉汉堡包

图9 金柚郁香雅藏雪封磅蛋糕

另一款特殊的甜点"金柚郁香雅藏雪封磅蛋糕"则是将梅县盛产的金柚彻底加以利用,先将柚肉剥好后冷冻,将柚皮搓下后以砂糖糅合冷藏(图9),在磅蛋糕的制作中将柚皮加入,顶上覆盖金柚肉与柚肉熬出的糖酱。这款甜点吃起来甜中带麻(麻感来自柚皮),而且柚香浓郁,是首次将金柚农产与西方蛋糕甜点结合的创举,自然引来许多女孩甚至是当地妇女的喜爱。这款"金柚郁香雅藏雪封磅蛋糕"还解决了当地农产的季节性问题。金柚是当地的重要农产,产量大,但是过了产季后只能等待下年度的产季。这款甜点将柚肉先处理后进行冷冻,制作时再退冻即可,等于先备货处理后,一年四季都能生产磅蛋糕,而且连柚皮都先搓下来冷藏运用,可以说已经把柚子全部利用,不但环保不浪费,还能确保金柚能够一年四季得以运用,打破农产品季节性的限制。

3.2.4 翎芳宴美食层次理论的落实阶段

从翎芳宴美食层次理论来说,梅县的翎芳宴已达到了第四层次。对于菜色的创新、食材的来源以及厨师的故事都有了详细的纪录与推广,前述的将传统客家菜创新为受年轻人及外地游客喜爱的中西合璧美食,更是得到了最多的关注与传播(图10)。值得一提的是,举办翎芳宴的场地选择了当地一间代表性的客家百余年围龙屋"南华又卢"(图11)。这个围龙屋是当地华侨先祖于南洋致富后回乡"炫富"所建造的,是融合了传统客家围龙屋与南洋风格的建筑。在这个老宅当中享用翎芳宴,除了享受创新的美食外,还便于老宅当中感受围龙屋的建筑风格特色,让建筑与美食产生联系,达到了翎芳宴美食的第四层

图10 梅县翎芳宴为每道菜进行海报设计及说明厨师故事

图11 梅县翎芳宴场地,百余年老围龙屋

次。至于乡村社会公益平台,目前正与地方乡村进行接触,如果未来镇政府能释出场地,让翎芳宴能够进行与留坝相同的平台项目,将来的梅县也会产生公益项目,回馈到村里,让乡村自我运营致富,达到翎芳宴美食的第五层次。

3.3 奥地利格莱士(Kracher)贵腐酒翎芳宴

3.3.1 背景

格莱士(Kracher)是奥地利非常知名的贵腐酒品牌,目前已经是第三代家族经营,庄主格哈德·格莱士(Gerhard Kracher)非常重视中国

市场，因此趁着笔者受维也纳旅游局之邀前往拍摄纪录片时，邀请笔者团队前往该酒庄进行翎芳宴的研发。格莱士酒庄位于距维也纳一小时车程的伊尔米茨（Illmitz）小镇，该镇唯一的旅游亮点就是邻近新锡德尔湖国家公园，水质良好毫无污染，同时该地的砾土非常适合威尔士葡萄品种的生长，也是奥地利邻近匈牙利知名的白葡萄酒产区（图12）。

3.3.2 困境

格莱士酒庄的游客大多仅停留一天，在当地乡村型民宿居住一晚，此地的料理属于乡村料理，特色是当地的无污染湖鱼。除此之外，饮食特色接近德餐，也就是乳酪、芝士、牛肉及面包和湖鱼的搭配，而游客则以当地镇民为主，少数来自邻近国家，如从瑞士自驾而来。

中国游客到这里大多是旅游团带来购买葡萄酒，几乎连一晚上都不停留，连优美的国家公园都不会进去。当地冰冷的熏肉面包与干煎或水煮湖鱼的单调做法对中国人来说非常具有挑战，而且这里没有任何中餐厅，导致中国游客不会将此地视为旅游目的地。虽然这个小镇本来就不是以推销观光为主，但格莱士酒庄的庄主却非常希望能够借着自己是当地知名贵腐酒品牌的力量，让小镇增加中国游客，同时以美食留住游客。既能提高自己酒庄的品牌知名度，又可以旅游美食增加酒品的销售。

3.3.3 成果

翎芳宴先到当地了解贵腐酒的特殊生产方式——贵腐酒必须全数以手工采收，而且为了腐菌的生存，必须采用有机标准。贵腐酒的风味

图12 笔者与格莱士先生到庄园了解葡萄品种

图13 格莱士先生教笔者如何品尝贵腐酒

图14 格莱士先生与笔者一起品尝笔者研发的贵腐酒翎芳宴

与加拿大冰酒不同，依照橡木桶及不锈钢桶的发酵模式，有着单一风味突出，或者重视复杂后味的风味（图13）。翎芳宴在设计菜色时，必须考量到食材、料理、调味与之相搭配的贵腐酒风味，这已达到了翎芳宴美食的第三层次。为兼顾中国人的胃口，部分菜品还以较辣且重口的土耳其甜椒粉（Paprika）搭配TBA等级的贵腐酒，搭配出了连民宿大厨及格莱士先生都赞不绝口的意外惊喜。其次，大量使用当地新锡德尔湖的湖鱼鱼鲜制作料理，不同于当地干煎或水煮的传统料理方式，翎芳宴将湖鱼切块后以轻熟成方式加以排酸处理并配以当地盛产的柑橘入味，另以欧洲人喜用的苹果泥调味，产生既能符合中国人胃口的味道，又能切合奥地利当地人的口味，可说是通用的料理方式（图14）。

3.3.4 翎芳宴美食层次理论的落实阶段

由于酒庄不是餐厅，不具有厨房及厨师的有利条件，因此翎芳宴训练了当地的一家民宿厨师，将菜谱留给民宿，如此一来达到了格莱士酒庄与民宿间的合作连动，带动了该民宿的餐饮提升。未来中国游客到此旅游时，可参观酒庄、葡萄园，接着到该民宿住宿休息。游客在体验翎芳宴时，格莱士先生将会现身晚餐，配备翻译为参与的食客介绍三代的贵腐酒制酒历史。虽然无法达到第四层次的与建筑空间产生联系，也无法达到第五层次的公益与人类的精神面产生艺术性的影响，但我们依然很开心能够借着翎芳宴的美食与理论，依托当地特产品牌，带动奥地利伊尔米茨小镇的旅游发展。

图15 笔者亲自体验日本罗生门清酒的制程

3.4 日本和歌山罗生门清酒翎芳宴

3.4.1 背景

田端酒造株式会社位于日本关西大阪的和歌山市，目前负责其高端清酒罗生门品牌的藏元是第六代，同时也是田端酒造至今为止的第一位女性藏元——长谷川聪子。聪子邀请笔者团队前往拍摄纪录片，笔者建议举办一场对第五代藏元致敬的翎芳宴，并以此为主题进行拍摄。第五代藏元田端薰是罗生门品牌的开拓者，同时也是长谷川聪子的祖父，也是因为田端薰，罗生门被提升为国际知名的高端品牌，并且在欧洲及中国市场打响知名度。田端薰过世前，打破日本清酒"传子不传女"的传统习俗，将酒造交给年轻的孙女聪子，这不但是个冒险，也是一种勇气。聪子为了不负祖父的期许，经过许多困难终于将罗生门品牌持续运营，也获得巨大的成功。在拓展中国市场时，不惜开放日本清酒制作过程中的核心技术，并为拍摄开放了传统不接受外访的制酒曲室，还配合翎芳宴的研发（图15）。在基础故事上，罗生门品牌已经感动了许多观看纪录片的观众。

3.4.2 困境

罗生门清酒虽然美味，但却因田端酒造属于小作坊、全手工打造的模式，无法量产，也无法降低成本，所以无法增加更多的利润。即使生产的清酒评价极佳，却因为价格与产量的限制，使得田端酒造在打通销售通路时遇到许多困难。其次，日本年轻消费者目前对于清酒接受度低，喜爱啤酒及红葡萄酒，而年长的消费者也因为清酒价格较高，转而只喝地酒（当地的地产谷物蒸馏酒），所以大部分的日本清酒品牌都想进军中国市场。在如此激烈的竞争下，罗生门品牌必须格外突出才能与大品牌（如泽之鹤、白鹤、濑祭等）竞争。另一方面，罗生门品牌进军中国市场

图16 笔者与聪子在百年传统市场采购翎芳宴食材

图17 笔者在聪子社长家厨房创作翎芳宴，女社长则是帮厨

地百余年的传统七曲市场寻找和歌山地产的食材(图16)，比如其中一道"和歌山草莓沁鲂鱼赤海佬"，将地产的鲂鱼与和歌山特产草莓泥浸泡后，呈现出粉红色的酸甜味。这道料理搭配罗生门的初阶清酒，有类似前菜的意味。另一道"和歌山柑橘果丝渗熊野牛"，采用当地的柑橘以及和歌山有名的熊野牛肉混搭而成，搭配罗生门的最高端龙寿纯米大吟酿。而"和歌山南高梅梅魂渍鸡腿"更是将和歌山的乡土特产南高梅与南高梅鸡(以南高鲜梅喂饲的鸡只)组合而成，这几道彻底运用和歌山乡土食材的料理，最大的特色是皆以当地水果入菜，这样的特色让聪子相当惊讶，并对笔者表示"水果对我们是甜点，我们从来没想过水果可以大量入菜"(图17)。

3.4.4 翎芳宴美食层次理论的落实阶段

在罗生门呈现翎芳宴时，最重要的意义，也就是在田端薰生前举办家宴的餐桌上进行，这个仪式感增加了故事的深度，同时也达到了翎芳宴美食理论的第四层次，也就是与有关联的建筑进行联结。未来，翎芳宴依照聪子的想法，采用非固定式的预约制订餐，由笔者组织的文创考察团安排行程至田端酒造参访，品味清酒的同时，再度呈现家宴式的翎芳宴(图18)。

4 结语

翎芳宴对乡土食材的转化不仅仅为乡土食材创造了附加值，还带动了当地旅游的发展，更为当地整体旅游产业水平和质量的提高提供了新的方法和创新性的帮助。翎芳宴对乡

较晚，早年都以欧洲市场为主，当欧洲经济低落时，再转回中国市场则晚了许多。罗生门品牌位于关西和歌山市，并非一般国人熟悉的东京、福冈、大阪、札幌及京都等地，和歌山本身也不是国人熟悉的日本旅游都市，所以旅游对推动当地清酒发展的作用也不大。

3.4.3 成果

既然罗生门清酒的品牌定位就是比较高端、手工珍稀的印象，翎芳宴在设计料理时就以小众的私家料理为设计方向。既然是私家菜，食材就必须采用当地传统常见的食材，但设计之后又不能沦为当地的家常料理，所以唯一的出路就是改变食材的用法。翎芳宴从当

图18 于田端薰生前宴客餐桌的罗生门清酒翎芳宴

土食材的转化不是片面、呈点状的，也不是对食材个体性的再利用，而是一个完整的链条。以乡土食材的转化为核心，带动整个美食及相关行业的综合素质的发展，包括对服务行业的规范和水平的提高、品牌的创立、资源的整合，还有农产的利用，甚至能改变食材季节性的限制（如梅县金柚）或生鲜食材的保存运用（如留坝大鲵）等，具有很高的意义。我们期望透过翎芳宴美食层次理论提升乡村的饮食，最终达到公益平台的建立，让乡村自我运营、自我获利，靠自己的力量走出贫穷，实现真正的扶贫，而非以专项补助的形式扶贫，这也是翎芳宴将乡土食材转化为美食旅游体验产品的初衷。

参考文献

[1]中商情报网. 2018上半年中国旅游市场分析及下半年趋势预测[EB/OL]. [2018-08-28] https://baijiahao.baidu.com/s?id=1610015993009146133&wfr=spider&for=pc.

[2]浙江省旅游信息中心. 2018前三季度浙江省旅游大数据报告.

[3] Dubey R, Griffiths T L. A rational analysis of curiosity[J]. 2017.

[4]马斯洛. 人的潜能和价值[M]. 林方, 译. 北京: 华夏出版社, 1987.

浅谈乡村深度人文旅行产品中的乡土美食创新——以大地乡居·风景食课为例

Creative Rural Cuisines as Deep Rural Cultural Tourism Products: A Case of BES Village Cooking Classroom

文 / 谢灵君 李 霞 Nora

【摘 要】

本文自梳理乡村美食的独特性出发，分别从乡野食材、乡野器物、乡野情感三个角度来论证"味失诸市而存诸于野"的乡土美食独特性；同时以旅游供给市场中的乡土美食品牌——袁家村、翎芳宴等为例，对乡土美食的创新路径进行分析；重点以大地乡居·风景食课为例，阐述了深度人文旅行产品中的乡土美食创新思路。

【关键词】

乡土美食；深度人文旅行；风景食课

【作者简介】

谢灵君 北京大地乡居旅游发展有限公司旅游策划师

李 霞 大地风景文旅集团副总裁，北京大地乡居旅游发展有限公司总经理

Nora 大地乡居·风景食课主理人，The Georg餐厅主厨

注：本文图片均由大地乡居·风景食课提供。

如果说乡土在地人文的外化表现有建筑、雕塑、音乐、服饰、绘画、手艺、方言、风俗等诸多形式，那么美食一定是其中最易为人所接受，也是最能引发外来游客兴趣的文化因子。它不挑选受众的文化素养，不像建筑、绘画、方言那样把一村一镇的故事包裹在某种高深莫测的文化形态中，如若没有一定的解读能力，则很难从中感知到村庄市镇独特的人文内涵。美食则不同，游人只需带着自己与生俱来的味觉功能，从千万异域的佳肴中，感受千差万别的味蕾冲击。异质文化的餐饮体验，在舌尖上，由不一样的食材、不一样的风味、不一样的烹饪手法，带来一种充满新鲜感的高潮。这种从精神到生理上的满足，便是乡土美食在深度人文旅行体验中不可或缺的价值。

1 味失诸市而存诸于野：美食是乡野物质与精神的载体

中国拥有绵延不断的历史文化与广袤博大的地理空间，时间纵轴的长度与地域横轴的广度相交汇，便成就了中国美食文化无与伦比的丰富度。《汉书·艺文志》有言"礼失于朝而存诸于野"，不限于"礼"，对于而今的"味觉"而言，这一概括同样适用。乡村，为快速发展的中国保存了珍贵而丰富的美食基因。

在西方餐饮文化与味觉习惯席卷中国一、二线城市的同时，中国内陆城市人口迁移流动也带来了地域味觉的交混，比如在每一个城市街头巷尾常可以看到来自青海化隆人经营的兰州拉面、来自福建三明的沙县小吃以及带起国人嗜辣热潮的重庆火锅。这些现象一方面脱胎于当地政府有意识培养人民脱贫致富的手艺；另一方面也是本地人为了寻求生计远走他乡的饮食迁移。在这种大的时代背景下，文化冲击与人口迁移所带来味觉变化往往使城市之间的滋味更趋于相似。北京的清晨可以尝到粤式早茶，上海的午间可以选择京味涮锅。"川菜"、"本帮菜"、"淮扬菜"这些原本带有标签化的地域味觉记忆，在当今的都市环境中反而成为一方水土的"刻板印象"。而乡野，在这场时代变革的大浪中，所幸能够避开快速消费的都市餐饮节奏，独得静守一方，从而在味觉的感知上，更多地保留了专属于村落身份认同的"乡味"、"土味"和"野味"。大地乡居的餐饮品牌"风景食课"，也正是从乡野的独特性出发，不囿于省市区域的味觉标签，从一村一镇的细致分化中去把握乡土中国的脉络。

1.1 乡野食材——百村百味千家千态

中国疆域南北横跨寒温带、中温带、暖温带、亚热带、热带，国土面积覆盖山地、丘陵、平原、高原、盆地、海洋，在这辽阔的疆域面积上，"中国拥有地级以上城市298个，县级市363个"[1]，其中，"北上深广"超一线城市更像是中国城市的"幻象森林"。避开这661个城市，中国960万平方公里的土地，更多的是被4万多个乡镇，近70万个村落组成。在中国现代化进程导致城乡空间割裂的几十年中，被忽视的千千万万的村庄乡野，尚未被钢筋水泥改造，依然保留了由山川形便与自然地理所造就的独特形态。乡野饮食也正是每个村落或乡镇所地处的山川特质、气候更迭、历史余脉所共同凝合的味蕾产物。

以大地乡居服务的项目"华侨城·螺溪谷"为例，项目所在的陆河县位于北纬23°，东经115°，作为一个典型的客家县，陆河流行一种地方特色茶饮，名为"擂茶"，又称"三生汤"。"擂"意为捶捣、研磨。擂茶常选用大米、花生、芝麻、茶叶等为原料，经过钵的研磨、捶捣，用水冲调，配上佐料，便成了一碗客家人解渴、充饥、香味绵长的擂茶。擂茶的配料常常没有明确的定式，因地利物产之便的不同，而又各有滋味。海丰县因临海，渔产丰富，擂茶里多加海虾皮；陆河擂茶则多加蔬菜植物。冬季暖身亦可选用肉桂、竹叶椒；秋季天干物燥，则冲调药草、菊花。擂茶的各种滋味也因村落各居异处，在口味上形成了百村百味，千家千态的体验。

1.2 乡野器物——天地山林房屋瓦梁

乡野烹饪，往往可以依借自然中随手可得的物件作为美食承载器物。一来由于客观条件所限，二来也是中国人与大自然打交道中所积累的生存智慧。传统的乡土美食更讲究对四时万物的顺从与应和。这不仅是中国文化中所崇尚的"天人合一"，也是和自然共生共存的秘诀。比如远在西南迪庆自治州的藏族人，仍然乐意从村落不远处的土陶山上采集原材料，烧制成黑陶，以作日常烹饪器物；云南傣族人则从身边野生的竹子入手，用香竹竹节作为容器，盛入糯米、配菜，用蕉叶或竹叶封好，经过烧烤后，拨开

图1 湖北利川白鹊山村"风景食课"菜品

竹皮，竹节的清香沁入糯米，既是容器，也是入味的香料。

"风景食课"最先落地的龙船调项目，位于湖北省西南边陲——恩施州，利川市，白鹊山村（图1）。白鹊山村深藏在巫山流脉与武陵山区牵手拱卫的层峦叠嶂、千山万壑中，山林环绕的历史古宅是土家人世代聚居的村落。凭借着清江水的孕育，土家人自然放养的鄂西黑猪是乡野自然馈赠。在没有冰箱保质的年代，土家族从腊冬便开始筹备杀年猪，做腊肉。为了保证食材不变质，腊肉除了晾晒和腌制外，更重要的是依托家家户户都有的房梁，高悬屋顶，挂上腌制好的火腿、腊肉，日日月月，烧柴做饭的烟火气熏养着屋梁上的腊肉、火腿。经过数月数年的熏养晾晒，房屋成为土家人制作这道乡野美食的容器，房梁成了烟熏火腿养成所必不可少的道具，而烟熏气则成了入味的香料。旷日持久的乡野美味便在乡野人的智慧中，靠身边一切可寻之物，顺天地岁月更迭之序，修成正果。

所谓的乡野器物，正是贴近自然的百姓凭借着对身边材料、环境的熟悉程度，让万千原本与味觉不相关的植被、石材等自然万物，最终成为制作美食的一道工序。

1.3 乡野温情——熟人社会的情感纽带

中国传统村庄，由于土地的不可移动性，使得百姓得以祖祖辈辈在同一田地周围定居下来，从而形成了极少流动的居住群体，也就是费孝通先生所定义的"熟人社会"[2]。在乡村的熟人社会中，餐饮则成了递增情感的联系纽带之一。不同于西方的分餐制，中国人的共餐制倾向于引导大家通过共享食物，在"你中有我、我中有你"的就餐环境中来加深感情或解决问题。

在"风景食课"龙船调项目地改造建设过程中，考虑到传统村落在人口流出与老龄化加剧的过程中导致人去家离的情感淡漠，大地乡居团队对向家湾的原乡村公共空间——水井进行了保留和重塑。水井不仅是向家湾村民日常挑水、洗衣、洗菜的地方，也是村民在午间或傍晚时分，端着饭碗，倚坐井边，自发聚餐的"社区活动聚居点"。乡土美食的意义在这里成为村民互洽沟通的一种工具或手段，以馈赠或分享自家美食的方式来组织起一场隐形社交活动。既是乡野温情的黏性剂，也是村民间沟通信息的方式之一。

除了在村落社群中的餐饮互动之外，对于个体家庭而言，一道美食也同样寄托了祖辈几代人之间的情感联系。《南方草木状》中有言"女儿酒为旧时富家生女、嫁女必备物"。在中国绍兴，女儿出生之后，用田里的糯谷酿成三坛子女儿红，装坛封口后埋在院落里，待到女儿出嫁，便取出，宴请宾客乡邻，以示庆贺[3]。

除父辈用食物的存储来表达对子女未来生活的希冀外，中国人代际之间也常用"传家菜"来延续一家老小数辈间的味觉记忆。无论是乡野村头自发组织的傍晚聚餐，还是村民自家围坐桌前的天伦之乐，均来自乡野美食无处不在的温情体验。

2 寻味而求诸于新：乡土美食的演绎与再创造

近些年，随着乡村旅游的发展，乡土美食也越来越受到关注，并已经得到一定程度的创新发展。从村民自发创新推出一系列乡土美食原生品牌，再到媒体人、艺术家、行业先锋等各类人士介入乡村生活，诞生了袁家村、翎芳宴等一众原生再演绎的乡土美食品牌。

2.1 袁家村——高效安全的食品供应链

以袁家村为代表的乡土美食，在保留民间小吃本初味道的基础上，更强调从食材的精选、卫生的把控、食品安全的严格管理上进行筛选。自2006年起，袁家村在村党支部书记的带领下，依托关中民俗开始兴办农家乐。从最初粗犷热情的关中秦人小吃，到如今统一管理的食材供应、面向都市的品牌化输出，袁家村小吃经历了从农家乐起步、街区完善、村落空间外延到最终餐饮品牌输出的五个发展阶段。

在美食的筛选上，袁家村没有刻意求新求异，而是保留了关中餐饮原本的样态，将村民按照经营餐饮品类进行分组，选出味道上乘的代表小吃，如凉皮、锅盔、礼泉面、洋芋糍粑、粉汤羊血等一众小吃。这些小吃仍然保留了秦人饮食文化中的"土味"，但在其背后食材供应链上，却经过了严格把控。为保证小吃的风味，袁家村成立了八大作坊合作社（醋作坊、辣子作坊、酿酒作坊、酸奶作坊、豆腐作坊、醪糟作坊、油作坊、面粉作坊）负责供应全村的小吃配料，并设定专人核查，严禁任何添加剂的使用；同时，为确保食材的新鲜品质，所有小吃店铺的食材均采购自袁家村内，严禁商户私自从外面采购食材。

如果说，像很多都市郊区村落主打的菊花宴、豆腐宴、全鱼宴等乡土美食的演绎重点在于菜品的创意，那么袁家村美食的"新"则在于对原本毫无章法的乡村美食管理体系塑造了一个完善高效且值得信任的安全食品供应链。

2.2 翎芳宴——精致化的乡土美食创意

不同于袁家村的"土味"，由王翎芳老师主理的"翎芳宴"以一种精致化的姿态与乡土美食相遇。身为台湾旅游观察家和美食时尚达人的翎芳老师，主理人自身的海外生活阅历与美食品评格调以自上而下的方式带入到乡村美食演绎创新中。

2018年4月初，在中国乡村复兴论坛期间，翎芳老师与广东梅县侨乡村的6位大厨共同打造了集合西式料理、客家风味的新式菜品。侨乡村·翎芳宴以传统客家食材为基底，融合西式配料和烹饪手法，最终以美学设计感的摆盘方式呈现给游人，推出了红糟味酵粄卧班乃迪克蛋、手撕盐焗鸡裹芝士帕尼尼、琉璃豆腐垫牛糜牧羊人派等创意菜，并佐以6壶中式客家茶饮，形成了层次丰富、口感多样的味蕾体验。以手撕盐焗鸡裹芝士帕尼尼为例，帕尼尼原是意大利的一种三明治，流行于欧美地区，而盐焗鸡则是传统客家生活的代表菜式，西式风味的芝士与客家酱汁相调和，另搭配雁南飞映山红红茶，其味回甘，芳香四溢。在菜品样式呈现上，通过酱汁勾画、拖尾、滴坠等极简美学手法，使传统客家菜摇身一变，彰显出细腻的精致感。

翎芳宴凭借外来文化与餐饮习惯的导入从而强势影响乡土美食的方式，更多的是面向口味多元的异地受众如欧美游客、城市中产消费者等。

2.3 大地乡居·风景食课——原乡本味的深度人文体验

不同于袁家村与翎芳宴，大地乡居·风景食课既不是自下而上乡土美食的自发组织，也并非自上而下的主导型乡村餐饮创意改造。风景食课对乡野美食的关注，在演绎与再创造的前提下，更强调对原生本土的食材再现，力求一餐一食去表达乡土风物和乡土风味的特点，经由美食抵达一方乡土的生活日常。

作为外来者在介入乡村生活的最初，常常以自身经验惯性出发，以省市地区标签化的性格框架来圈定一村一镇的文化精神，而乡野美食作为村落生活的直观再现，常常也未能逃脱这样的地区标签。我们惯常以为四川的村子一定能吃辣，山东的村子定是爱饮酒，恨不得对照行政区划来判定一个村子的性格。然而，在现实的走访中，"百里不同风，千里不同俗"的乡野风情，在中国几近70万个村落中，每天都在上演。乡野美食一如村庄的性格一样，虽不如城市般日夜万千、川流不息，但它仍然因其所处位置各异、因周边风俗所染、因地理物产不同，而呈现出千百种样态来。村落不像城市那样，因人的主导力大于自然的作用力，而呈现千城一面的表象。在乡野，自然作用于乡村的力永远要大于人为的改造。这就导致人为划分的省市行政区划并不能一言以蔽之来论定每一个村落的性格。

"风景食课"龙船调项目地——湖北利川白鹊山村，南距湘西170公里，东距宜昌、荆州亦不足200公里，西抵重庆也不过2小时动车。虽然在行政区划上，白鹊山村隶属于湖北恩施，但在地理划分上，利川归

图2 利川白鹊山村风景食课呈现的竹林清风餐桌

图3 利川龙船调"风景食课"菜品

属巴蜀之地,在春秋时期,曾被划为古巴国范围,也历来被认为是"入川门户"。而在文化归属上,白鹊山村土家族同样保留了很多贴近湘西土家人的生活方式。因此乡村探索员在深入挖掘白鹊山村乡土美食的过程中,以村落的在地习性出发,而非区域文化的刻板印象。以村民的私房竹笋菜为例,村庄不远处的红椿林场盛产野生竹笋,凭借利川雨水充沛的气候和独特的土壤环境,野生竹笋四季常生,当日现吃现采,采摘过后,不出几日,蹭蹭又冒出几寸高。由于笋的材质单纯,淡雅鲜美,如白绢,可与万般滋味相配,村民们常用来搭配自家的腊肉、烟熏火腿、山椒、豆豉等口味浓烈的食材,这种滋味既非正宗川味,也非湖北菜系,而是属于白鹊山村民私家野味(图2)。

"风景食课"龙船调项目的主理人Nora拥有丰富的中西方餐饮烹饪经验,以及近十年的五星级酒店从业履历,在对乡野美食的介入的过程中,两种文化背景的交融成为菜品设计最好的灵感来源。首先,在食材的前端筛选上,Nora严格要求本土食材的鲜活呈现。"葱茏清江源"的菜品食材来自清江河支流新鲜捕捞的小河鱼;"乡居小角粽"的粽叶取材乡居赶山乐园后山林地;"原野莼菜汤"的莼菜采摘自福堡山清江源头的利川本土莼菜(莼菜对生长条件有着近似苛刻的要求,需要流动的活水且在20度恒温环境)。其次,除了在菜品源头上对食材来源的严格把控,在乡野风味调和上,"风景食课"主厨在延续村庄传统味道的前提下,不断尝试跨越山海的味蕾碰撞。以"土腊肉意面"为例,与西式的火腿意面不同,"风景食课"选用村民烟熏土家火腿与主厨私调酱料相融合,经过酸甜咸鲜的调和,浓烈的乡野木炭烟熏气包裹在柔滑的西式酱汁中,在口腔里实现了恰到好处的中和。最后,经历了食材的前端筛选,中端的风味调和,在末端——菜品样式的落成与餐具外观的展现上,Nora力求利川本土风情的演绎再现。如"溶洞云海"的菜品设计在名称上呼应利川当地岩溶地貌(喀斯特地形),在菜品外观呈现上以斜倚高脚杯的设计感,写意模拟溶洞山水的自然样态,配以可食用干冰,烟雾升腾而起,方寸餐盘之间演绎的是利川"腾龙秘境"的山水风情。杯中所盛是白鹊山村当

图4 利川龙船调"风景食课"菜品创新

图5 利川龙船调风景食课竹林清风餐桌

融入村庄的在地性格与主厨设计师的巧思(图3、图4)。

3 结语

如果说城市是人类协力改造自然的卓越产物,而乡村则是人类顺应自然,承接造物主恩宠的结果,那么乡野美食则是村民们探索自然所收获的馈赠。作为都市人,在寻回乡村记忆的过程中,乡土美食是我们味蕾记忆所期待的山野珍馐。乡村因为其独特性,乡野食材也呈现出百村百味千家千态的结果,乡野器物因村民与自然的智慧,而使得天地、山林、房屋、瓦梁均可成为美食制作的环节。无论村庄与村庄间的食材、器物相差多远,这些各类各样的乡野美食也最终指向同一个归宿——那就是人与人之间的温情传递。而大地乡居·风景食课在探索乡野美食上的责任则是继续深入了解一村一镇的人文精神,从尊重原乡本味的角度出发,帮助乡村菜肴在菜品展示与风味调和上获得新的突破,让更多的人感受跨越山海的乡野味蕾碰撞(图5)。

参考文献

[1] 国家统计局. 城镇化水平显著提高 城市面貌焕然一新——改革开放40年经济社会发展成就系列报告之十一[EB/OL]. [2018-09-10]http://www.stats.gov.cn/ztjc/ztfx/ggkf40n/201809/t20180910_1621837.html.

[2] 费孝通. 乡土中国[M]. 上海:上海人民出版社, 2006.

[3] 嵇含. 南方草木状[M]. 广东:广东省出版集团, 2009.

地所产山药泥加以酸奶稀释调和的饮品,内裹紫薯泥配色,外淋以桂花糖,底衬以清晨鲜采虎耳草。(如若熟悉沈从文《边城》的情节,一定不会对虎耳草陌生。利川白鹊山村因临近湖南湘西,因此在诸多风俗上与湘西土家有相似之处,《边城》中情窦初开的翠翠,听到傩送示爱的山歌,便梦到自己爬上山崖摘虎耳草。因而,虎耳草在土家人眼里寓意着真切的爱情。)

除了"溶洞云海"之外,风景食课主厨还设计了"苏马晨晖"、"鱼木巴楚"、"佛宝云梯"等一众菜品,从食材,到风味,再到菜品的样式呈现,甚至菜单与餐具的设计方面,无一不

熟悉度对美食旅游体验质量的影响研究
——以黔东南黎平肇兴侗寨为例

Impact of Familiarity on Tourist Experience of Culinary Tourism : A Case Study of Zhaoxing Dong Village in Liping, Southeast Guizhou

文 / 陈瑾妍 张玉钧 尚琴琴

【摘 要】

文章以黔东南黎平肇兴侗寨为案例地，通过测量旅游者对目的地美食旅游体验的熟悉度及满意度，探究熟悉度对旅游者美食旅游体验质量的影响，为以美食作为主要吸引物的旅游目的地的旅游发展及体验管理提出建议。通过分析得出，美食旅游体验的满意度可从"地道体验"、"移情因素"、"专业品质"以及"氛围环境"这4个维度进行描述。将熟悉度与对美食旅游体验的满意度进行单因素方差分析，得出熟悉度对"地道体验"、"移情因素"以及"氛围环境"这3个因子有显著影响，而对"专业品质"这一因子无显著影响。通过事后比较，得出熟悉度对"地道体验"起到"缓坡式"影响，对"移情因素"起到"断线式"影响，对"氛围环境"起到"凹槽式"影响。基于以上结论，为案例地提出了对美食相关信息进行新媒体整合营销传播、应用大数据的理念对熟悉度进行档案管理以及对美食旅游体验个性化设计等建议。

【关键词】

熟悉度；美食旅游体验；美食旅游目的地；满意度测量；肇兴侗寨

【作者简介】

陈瑾妍 中国城市规划设计研究院文化与旅游规划研究所城市规划师

张玉钧 北京林业大学园林学院旅游管理系教授，博士生导师

尚琴琴 北京林业大学园林学院硕士研究生

1 导言

随着体验经济时代的到来，旅游者在出游时不再仅仅满足于新奇特异的风景，而更加追求各种以服务作为舞台、商品作为道具、环境作为布景而产生的独特回忆与感受，呈现出与非体验经济时代不一样的消费特点[1]。在这一背景下，学者们愈发关注旅游体验，围绕着旅游体验的本质、类型、意义、质量等的研究也在增加[2]。更深入的研究开始探索不同感官所带来的体验，视觉体验是最司空见惯的，游客也能通过听觉、嗅觉、触觉乃至味觉的刺激留下深刻的印象[3]。在这五感之中，味觉的体验引发了人们极大的兴趣。目前在中西方受欢迎的节目中不乏《孤独的美食家》《舌尖上的中国》《美食之旅》等围绕旅程与美食体验展开的纪录片或电视剧；打开手机应用商店，热门推送中常常能见到"大众点评"、"Enjoy"等引导人们深入体验各地美食的app；就连广受好评的旅游攻略《Lonely Planet》系列也将美食作为了十分重要的部分。可见，人们对于味觉体验的追求正处于方兴未艾的阶段。

但从另一个方面来讲，世界之广博无垠，文化渊源之纷繁复杂，中国尚有56个拥有着各自独特习俗的民族，更别说世界民族之林的丰富多样。旅游的过程亦是一个进行跨文化交流的过程[4]，必然会接触到日常中未曾有过的"新"与"异"；旅游也是对"诗意的栖居"的追求[5]，需要在"新"与"异"中寻求熟悉与舒适。再说味觉的体验，它并不同于其他感官的体验，它更需要体验者与所体验之物的"接触"与"融合"，是需要在足够的认同或心理建设上才能完成的。尽管影响旅游者旅游体验质量（或满意度）的前置变量很多，且颇受研究关注[6]，但熟悉度这个会影响消费者决策甚至进一步影响目的地满意度评价的变量受到的关注还很有限[7]。因此，是否"熟悉"、"熟悉"的程度，或许会影响旅游者的感受，并进一步影响其美食旅游体验。对其中的关联探索一二，或许会进一步推动美食旅游及旅游体验研究的发展。

基于此，本研究选择黔东南肇兴侗寨为案例地，意图测量旅游者对目的地美食的熟悉度，并探究它对旅游者美食旅游体验质量（亦即满意度）的影响，并作出解释，为以美食作为主要吸引物的旅游目的地的美食旅游发展及体验质量改善提出优化建议。

2 文献综述

2.1 美食旅游

在旅程中，菲尔兹（Fields）指出饮食不仅可以满足旅游者的生理需求，更可以实现其对文化、社交和声誉等的多种需求[8]，在这一意义上，特尔弗（Telfer）和沃（Wall）认为美食无疑是一种旅游吸引物，吸引游客前来的同时也作为旅游目的地市场营销的工具，强化目的地的感召力[9]。作为一种特殊兴趣旅游，自21世纪伊始，美食旅游逐渐兴起，对它的研究也随之出现。国外研究中常出现以下几组意指美食旅游的词，如"Culinary Tourism""Gastronomy Tourism"以及"Food Tourism"，其中"Culinary Tourism"译为"厨艺旅游"；将"Gastronomy Tourism"译为"美食旅游"；将"Food Tourism"译为"食物旅游"。但无论厨艺旅游、美食旅游还是食物旅游，都是以旅游中的饮食及其衍生出的文化为核心的体验活动，在接下来的叙述中，将统一称作"美食旅游"，不作区别。

2.2 美食旅游体验

美食旅游体验，亦即发生在旅游中的美食体验（food experience）。史密斯（Smith）指出在旅游目的地的美食体验使得游客能同时获得身心上的满足[10]。即使其在旅游体验中确实明显存在，但与美食相关的味觉体验却鲜少被旅游社会学及旅游人类学的研究所关注[11]。全帅（Quan）和王宁（Wang）应用结构模型来研究美食旅游体验，并将其分为"将食物作为高峰体验"以及"将食物作为在家里的本体论舒适（ontological comfort）的延生"[12]。对这一旅游体验质量的研究常与满意度研究相关联，从旅游产品或服务的角度出发，将满意度作为测量旅游体验质量的标度[13]。然而，针对美食旅游体验质量与旅游者满意的之间关系的研究十分有限。

2.3 熟悉度的概念及其在旅游研究中的应用

"熟悉"一词是心理学的概念，弗里德曼（Freedman）在《社会心理学》一书中最早阐释了"熟悉"所能带来的影响，他指出，熟悉的事物或许更能得到积极肯定的认知[14]。根据心理学领域对于熟悉度的深入研究，得知熟悉会影响人的偏好与态度以及基于偏好与态度的选择行为。因此，熟悉度（Familiarity）理论被广泛应用于营销领域。科恩（Cohen）认为旅游者在追求新奇陌生体验的同时所需要的环境罩就是一定程度的熟悉，不同类型的旅游者表现出对环境罩即熟悉的不同依赖程度[15]。

熟悉度理论应用于旅游相关的研究多数围绕旅游目的地熟悉度展开，包括熟悉度对旅游目的地形象及游客满意度影响的研究等，仅有霍恩（Horng）等将熟悉度引入美食旅游的研究，并发现对目的地的高熟悉度能够积极地缓和美食旅游中品牌价值与出游目的之间的作用[16]。但也尚未将熟悉度的研究与美食旅游体验相联系，具体讨论熟悉度对美食旅游体验满意度的影响。美食是参与性极强的旅游产品，而且从需求的角度来说，旅游者都渴望在旅游目的地收获高质量的旅游体验，因此，将熟悉度用于美食旅游体验的研究是可行且必要的。

基于此，本文尝试性地将熟悉度与旅游体验质量相联系，并具体地讨论对美食旅游体验质量的影响，需要对熟悉度进行较为全面地量化。

3 研究设计

3.1 研究区域

肇兴侗寨，位于贵州省黔东南苗族侗族自治州黎平县东南部，河谷溪畔坡脚，海拔410米，属亚热带季风气候类型，四季分明。肇兴侗寨有着丰富的民族旅游资源，包括以寨门、鼓楼群、风雨桥、戏台和民居为代表的特色民族建筑，独特的民族节日与宗教仪式，民族手工艺品以及民族特色美食，这其中，侗族特色美食具有相当重要地位。侗族有别具一格的食物特色。侗族人喜酸糯、恋酒茶、爱生食、嗜盐腌，所以糯米饭、糍粑、甜酒、油茶、腌鱼、烧鱼、酸汤鱼等以及当地的血红、鱼生、牛瘪等制成的菜肴随处可见。侗族有丰富讲究的食品加工。侗族人爱茶也爱酒，并且形成了自己民族独有的烹茶酿酒的方式。侗族有因时而食的饮食礼仪。侗族的节日很多，在不同的节庆时，通

图1 黎平肇兴侗寨的傍晚　　　　　　　　　　　　　　　　　　　　　　　　　　　　　　　　　　　　图片来源：摄图网

常会结合当时的节气与物候进行不同的饮食活动。总的来说，侗族的这些饮食具有特殊的象征意义。甚至可以说，这些饮食及衍生出的文化现象是侗族文化的一种非语言的、有象征性的民俗符号，同时也是吸引旅游者到来的重要因素（图1）。

3.2 变量测量

本研究根据研究问题，在前人的研究基础上，按照案例地实际情况及美食体验特点对测量表进行调整。对熟悉度测量时，分为两个维度，分别测量信息熟悉程度与经验熟悉程度。信息熟悉程度主要通过测量旅游者接触案例地美食旅游体验信息的渠道数目来实现，所接触的渠道数目越多，信息熟悉程度越高；经验熟悉主要通过"是否曾有过类似体验"来进行测量，本研究调查了游客"是否曾在本地有过类似体验"以及"是否在异地有过类似体验"。最后，采用量化计分的方法，得到综合熟悉度。

在测量满意度时，参考史蒂芬斯（Stevens）等（1995）针对餐饮体验的特殊性，在前人所提出测量变量的基础上进一步提取、筛选、验证并开发的Dineservqual量表[17]，并做出修正调整。量表最终含有16个测量项目用以测量美食旅游体验满意度。

4 数据分析

4.1 满意度维度构建与测量结果
4.1.1 满意度的维度构建

为了探索案例地美食旅游体验者满意度测量量表中各变量的内在结构，本研究采用了探索性因子分析的方法来对16个测量项目进行分析。

根据探索性因子分析的结果，所提取的4个共同因子描述如下：

第一个因子包含了4个项目，分别是"食材来自当地""供应当地特色食物""菜品口味符合当地饮食特点"和"由当地人提供服务"，这4个项目所涉及的内容与目的地美食旅游体验是否正宗、地道有关，命名为"地道体验"；第二个因子包含了4个项目，分别是"热情友好的招待""员工积极提供帮助""愿意重游体验"和"愿意推荐他人"，这一部分内容与美食旅游体验过程中旅游者的情感交流与移情表现有关，命名为"移情因素"；第三个因子包含了5个项目，分别是"精美的品相""可口的食物""专业素养很高的员工""体验到当地饮食文化"和"菜品定价合理"，这部分内容与餐厅提供的食物及服务的品质有关，命名为"专业品质"；第四个因子包含了3个项目，分别是"具有地方特色的用餐氛围""用餐环境令人舒适放松"和"干净整洁的用餐环境"，这部分内容与用餐时的环境及氛围有关，命名为"氛围环境"（表1）。

其中"地道体验"的解释变异量所占比重最大，可推测这与民族地区的美食旅游体验的特殊性有关，品尝异国他乡的美食时，是否地道与正宗往往是美食家们最关心的问题，这也是美食旅游者对于"原真性"追求的体现。

表1 满意度描述统计结果

满意度因子	均值	标准差	众数
因子1: 地道体验	3.965	-	-
食材来自当地	3.83	0.829	4
供应当地特色食物	4.12	0.785	4
菜品口味符合当地饮食特点	3.88	0.769	4
由当地人提供服务	4.03	0.831	4
因子2: 移情因素	3.925	-	-
热情友好的招待	4.08	0.722	4
员工积极提供帮助	3.96	0.686	4
愿意重游体验	3.74	0.869	4
愿意推荐他人	3.92	0.812	4
因子3: 专业品质	3.616	-	-
精美的品相	3.36	0.895	4
可口的食物	3.69	0.673	4
专业素养很高的员工	3.77	0.796	4
体验到当地饮食文化	3.67	0.904	4
菜品定价合理	3.59	0.729	4
因子4: 氛围环境	3.81	-	-
具有地方特色的用餐氛围	3.89	0.801	4
用餐环境令人舒适放松	3.73	0.751	4
干净整洁的用餐环境	3.81	0.638	4

综合探索性因子分析的结果可见，案例地的美食旅游体验的满意度可通过"地道体验"、"移情因素"、"专业品质"以及"氛围环境"这4个共同因子来进行描述，这4个共同因子共同构建了本研究中旅游者对黔东南黎平肇兴侗寨的美食旅游体验满意度的4个维度。

4.1.2 满意度测量结果

本研究对受访者在案例地进行美食旅游体验的各项指标的满意度进行了描述性统计分析，发现满意度的4个共同因子的得分相对来说差距不大，均值都在3.5分以上，介于3分（一般）与4分（同意）之间，满意度处于较高水平。

在4个共同因子中，平均得分最高的是"地道体验"（3.965分）这一项，说明旅游者对于黔东南黎平肇兴侗寨的美食体验的"正宗"与"地道"表示认同；"移情因素"（3.925分）和"氛围环境"（3.81分）也均得到了较高的认同；但"专业品质"（3.616分）这一项的得分略逊于其他项（表1）。

在16个满意度测量指标中，得分均值都在3.3分~4.2分之间，且众数都取4分（同意），说明各项的满意度都处于较高水平。得分均值最高的项是"供应当地特色食物"，说明在案例地进行美食体验的旅游者多数能判断并认同餐厅所供应的食物是当地的特色，这或许与其出游前期所获得的信息以及体验中获得的来自工作人员的介绍与帮助有关。得分仅次于此项介绍有"热情友好的招待"以及"由当地人提供服务"——这三项的得分均值均在4分以上——说明在服务人员的组成及提供服务的态度上，旅游者都较为满意，而由当地人提供服务并同时伴有友好招待的情况下，也容易帮助旅游者熟悉自己正在体验的美食，例如通过介绍让旅游者了解餐厅供应的是当地特色食物并了解相应的用餐方式。得分均值最低的项是"精美的品相"，造型粗犷豪放是侗族饮食的特点之一，但如果对于事先不熟悉这一特点、没有心理准备的旅游者来说，这些粗犷豪放的造型或不能称之为"精美"（图2）。各个项目的满意度得分标准差都在0.63~0.91之间波动，数据较为稳定，样本个体间没有太大波动。

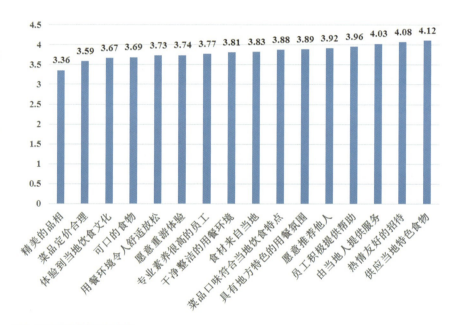

图2 各项指标满意度得分均值

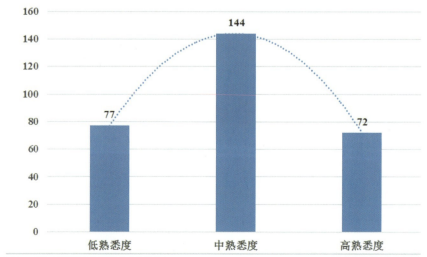

图3 不同级别熟悉度的旅游者分布趋势图

4.2 熟悉度测量结果

综合对信息熟悉以及经验熟悉两个维度的综合测量结果，本研究欲将旅游者按照其对黔东南黎平肇兴侗寨美食的熟悉程度分为3个组，分别为低熟悉度组、中熟悉度组和高熟悉度组。旅游者在三个不同级别的熟悉度上的分布频率如图3所示，显示进行人为分组后3个不同的熟悉度级别的旅游者的百分比分布情况，以中熟悉度的旅游者为主，低熟悉度与高熟悉度的旅游者所占比例较少且相当，呈现类似正态分布的趋势。

4.3 熟悉度对美食旅游体验满意度影响分析

基于前文对旅游者按照其对案例地美食的熟悉度进行的分组，研究对满意度四个因子分别进行了单因素方差分析，以检测旅游者对于黔东南黎平肇兴侗寨美食的熟悉程度是否会影响其在当地进行美食旅游体验的满意度。

"地道体验""移情因素"和"氛围环境"这3个因子均通过了方差齐性检验，可进一步进行单因素方差分析。但"专业品质"这1个因子未通过方差齐性检验，研究将采用Welch和Brown-Forsythe方法进行均值比较。结果显示，3个因子的方差检验统计值F和p值均达到了0.05显著性水平，说明处于3个不同熟悉度级别的旅游者在"地道体验""移情因素"以及"氛围环境"的满意度上存在显著差异（p=0.05）。而用Welch和Brown-Forsythe方法对"专业品质"这一因子进行的均值比较检验结果显示不存在显著差异。

采用LSD法对3个不同级别熟悉度的旅游者所对应的"地道体验""移情因素"和"氛围环境"这3个因子的满意度进行两两均值多重事后比较。结果显示，在"地道体验"这个因子层面上，低熟悉度组与高熟悉度组的旅游者在满意度上存在显著差异；在"移情因素"这个因子层面上，低熟悉度组与高熟悉度组的旅游者在满意度上存在显著差异；在"氛围环境"这个因子层面上，中熟悉度组的旅游者与高熟悉度组及低熟悉度组的旅游者在满意度上均存在显著差异（表2）。

表2 满意度描述统计结果

满意度因子	(I) 熟悉度级别	(J) 熟悉度级别	均值差 (I-J)	标准误	显著性
地道体验	低熟悉度	中熟悉度	-0.18912511	0.14020037	0.178
		高熟悉度	-0.40169894*	0.16280253	0.014
	中熟悉度	低熟悉度	0.18912511	0.14020037	0.178
		高熟悉度	-0.21257383	0.14333723	0.139
	高熟悉度	低熟悉度	0.40169894*	0.16280253	0.014
		中熟悉度	0.21257383	0.14333723	0.139
移情因素	低熟悉度	中熟悉度	-0.35042331*	0.14007095	0.013
		高熟悉度	-0.31116169	0.16265225	0.057
	中熟悉度	低熟悉度	0.35042331*	0.14007095	0.013
		高熟悉度	0.03926162	0.14320491	0.784
	高熟悉度	低熟悉度	0.31116169	0.16265225	0.057
		中熟悉度	-0.03926162	0.14320491	0.784
氛围环境	低熟悉度	中熟悉度	0.58728389*	0.13515721	0.000
		高熟悉度	-0.02230377	0.15694635	0.887
	中熟悉度	低熟悉度	-0.58728389*	0.13515721	0.000
		高熟悉度	-0.60958765*	0.13818124	0.000
	高熟悉度	低熟悉度	0.02230377	0.15694635	0.887
		中熟悉度	0.60958765*	0.13818124	0.000

5 研究结论与建议

5.1 研究结论

5.1.1 美食旅游体验满意度的4个维度

研究结果表明，案例地的美食旅游体验满意度可以从4个维度的因子来进行测量，按照其重要程度排序，依次是"地道体验"、"移情因素"、"专业品质"以及"氛围环境"，这样的构成维度及排序结果体现出了以美食作为主要旅游资源或体验内容的旅游目的地在进行旅游者体验满意度评估时的独特性。4个维度的因子，分别从有形与无形、具体与抽象、知觉与感觉等几个范畴来诠释了测量美食旅游体验满意度时应关注的因素。

从案例地的角度来说，作为一个民族村寨，民族美食体验的地道与正宗的重要性是不言而喻的，但美食之所以能成为一个目的地的重要吸引物，一定有它有别于客源地饮食及饮食文化的独特之处，而对这种独特之处的追求也正是对地道与正宗的追求，因此，作为一个美食旅游目的地或者想要将美食开发为一项体验内容的目的地，一定要注重对地道与正宗的包装，保障食材的来源，尽可能地供应当地特色食物，通过菜品的口味来传达当地饮食的特点，并尽量由当地人来提供服务。

旅游业是综合性产业，除商品之外，还为旅游者提供密集的服务，因此，提供服务的人员及其态度和表现就显得尤为重要。尤其是在陌生的场所体验陌生的食物时，积极的帮助与友善的解释往往能避免旅游者"第一次吃螃蟹"的尴尬，对菜品的介绍与品尝顺序的推荐也使得旅游者收获更大效度的体验。在黔东南黎平肇兴侗寨的案例中，将旅游者带入长桌宴的领位和对桌上食物搭配与品尝顺序的介绍，更容易让旅游者达到满意并产生移情效应，进而提高对美食旅游体验的满意度并产生重游和推荐的愿望。

美食家对食物本身的要求是很苛刻的。精美的品相、可口的食物、专业素养很高的员工、全程贯穿渗透的当地饮食文化以及合理的定价是衡量食物本身的重要因素。对于黔东南黎平肇兴侗寨来说，侗族的食物造型较为粗犷，酸糯的口味是否可口也因人而异，但技艺娴熟的烹饪者、渗透出浓厚侗乡风味的烹饪与用餐方式以及较高的性价比都能让旅游者获得较高的体验满意度。

对于追求深度体验的旅游者来说，往往品尝的不是食物的味道，而是环境的"味道"。在黔东南黎平肇兴侗寨这个案例中，具有地方特色的用餐氛围是最为重要的，这是去往民族村寨进行相关旅游体验的旅游者最为看重的部分，其次，舒适放松并干净整洁的用餐环境也影响着旅游者的体验满意度。

5.1.2 熟悉度对地道体验满意度的影响：缓坡式

在"地道体验"这个因子层面上，低熟悉度组与高熟悉度组的旅游者在满意度上存在显著差异，且熟悉度对满意度的影响是正向的，但中熟悉组的旅游者与低熟悉度组、高熟悉度组的旅游者在满意度上均无显著差异（表2）。在这个维度上，熟悉度对满意度的影响形式，呈现出"缓坡式"的影响（图4）。

在"地道体验"这个因子层面上，轻微地或中度地熟悉并不足以大幅影响旅游者对于地道体验的满意度，只有当旅游者对于案例地美食的熟悉达到一定高的程度后，才会对地道体验的满意度起到明显的正向影响。当地美食是否"地道"或"正宗"是初尝者很难判断的，进而也不会对此次美食体验的满意度造成太多影响，只有当对美食有了一定程度的熟悉之后，才能把握判断

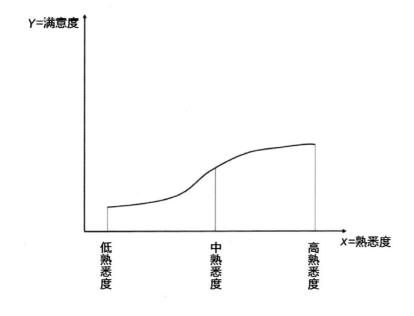

图4 熟悉度对地道体验满意度的"缓坡式"影响

食材、口味等因素，从而通过体验获得更好的满意度。

5.1.3 熟悉度对移情因素满意度的影响：断线式

在"移情因素"这个因子层面上，低熟悉度组与中熟悉度组的旅游者在满意度上存在显著差异，而高熟悉度组的旅游者与其余两组旅游者在满意度上均无显著差异（表2）。在这个维度上，熟悉度对满意度的影响呈现出"断线式"的影响（图5），即当熟悉度超过一定的阈值后，熟悉度的变化将不再明显影响满意度的变化，因此，在超过了中熟悉度这个阈值之后，满意度值的点呈现不规律的分布。

在"移情因素"这个维度上，熟悉度从无到有或从较低到较高对美食体验满意度所带来的影响远显著于从中熟悉度到高熟悉度所带来的影响，在熟悉度达到一定阈值后，它将不再是影响移情因素满意度的变量。当旅游者对美食毫不熟悉或一知半解时，此时，若能得到来自工作人员积极友好的服务于帮助，则很容易产生移情效应，使得满意度的感知格外明显。而当旅游者对于美食的熟悉度达到一定阈值之后，对这些因素的满意度感知也会变得迟钝，或不再对满意度产生明显影响。

5.1.4 熟悉度对氛围环境满意度的影响：凹槽式

在"氛围环境"这个因子层面上，中熟悉度组的旅游者与高熟悉度组及低熟悉度组的旅游者在满意度上分别存在显著差异，而高熟悉度组的旅游者与低熟悉度组的旅游者在满意度上却无显著差异（表2）。在

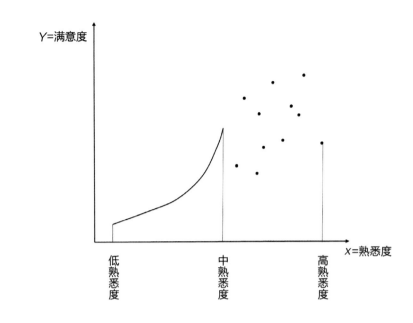

图5 熟悉度对移情因素满意度的"断线式"影响

这个维度上，熟悉度对满意度的影响呈现出"凹槽式"的影响（图6）。

在"氛围环境"这个维度上，熟悉度从低到中变化的过程中，熟悉度对满意度产生了负向的影响，但熟悉度从中到高变化的过程中，熟悉度对满意度产生了正向的影响。旅游者在进行美食旅游体验时，对用餐氛围环境的感受主要体现在对新奇环境的新鲜感以及对熟悉环境的舒适感，对其中任一方面的充分感受能有效提高体验的满意度。当旅游者对美食及相关文化从不熟悉或不甚熟悉时到了解逐步加深时，用餐氛围环境所带来的新奇刺激逐渐减少。因此，对氛围环境的满意度呈现出逐渐降低的趋势；而熟悉度又从中等的水平持续走高时，极为熟悉的用餐氛围环境所带来"宾至如归"的舒适感又使得满意度得到了逐步的提升。

5.1.5 熟悉度对专业品质满意度的影响：不显著

"专业品质"这一因子的检验结果为未达到显著水平，说明处于3个不同熟悉度级别的旅游者在"专业品质"这一因子的满意度上不存在显著差异。

在"专业品质"这个维度上，熟悉度对满意度并无显著影响。对于本案例来说，对美食专业品质的判断大可不必借助事前的熟悉，无论是菜品的卖相、口味还是定价，都与旅游者本身的审美喜好及消费

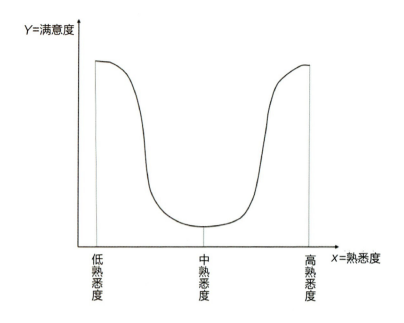

图6 熟悉度对氛围环境满意度的"凹槽式"影响

特点有关,仅在"体验到当地饮食文化"这一项目上熟悉度或会起到一定的影响作用,但影响力并不显著。

5.2 建议及展望

5.2.1 对美食相关信息进行新媒体整合营销传播

在信息熟悉与经历熟悉中,对管理者或经营者来说,旅游者的信息熟悉是较为可控的,因此,通过适当的管理或营销手段,可通过提高旅游者信息熟悉的程度来提高旅游者对目的地美食旅游体验的熟悉度。通过对受访者的调查结果可知,目前,前往黔东南黎平肇兴侗寨的旅游绝大部分只通过单一的信息源获取过有关于当地美食的信息,肇兴侗寨的管理者以及经营者可通过多渠道地宣传当地美食文化及相关产品、节事活动等信息来提高信息的覆盖力度,并将成本有针对性地投入到特定的传播效率高的信息渠道中来获得较好的效果,以提高旅游者对黔东南黎平肇兴侗寨的美食及相关文化、产品的信息熟悉程度。结合当下信息时代新媒体地出现,管理者大可对案例地的美食文化及相关产品进行新媒体整合营销传播,以大数据作为支撑,旅游者作为导向,将案例地的美食文化及相关产品的信息进行理念的提升并稍作包装,通过新媒体这一渠道推广出去,使得案例地美食的信息覆盖面及传播效率都能得到保证[18]。

5.2.2 应用大数据理念对熟悉度进行档案管理

对于管理者或经营者来说,相比起信息熟悉,旅游者的经历熟悉是不可控的,但作为管理者或经营者,可以对旅游者的经历熟悉进行档案管理,并对其信息熟悉情况进行简单的调查,以便将不同熟悉度的旅游者进行区分,为个性化服务提供了可能。例如,对于低熟悉度或高熟悉度的游客,可向其推荐主打侗乡氛围与环境的餐厅,而对于中熟悉度的游客,可向其推荐以当地人提供亲切服务为主要特色的餐厅。针对熟悉度较低的游客,会提供更为详尽的侗族饮食介绍并对某些独具特色的菜品进行用餐指导。最后,肇兴侗寨的管理者还可应用大数据的理念定期对所有档案进行分析,通过掌握肇兴侗寨近期来访旅游者在不同熟悉度级别的分布情况,可以及时调整相应的短期营销策略;通过对较长时期内来访旅游者的熟悉度进行分析,对肇兴侗寨内旅游美食体验相关产品的规划和设计提供参考。

5.2.3 对美食旅游体验进行个性化设计

考虑到对黎平肇兴侗寨的美食具有不同熟悉度的旅游者在进行美食旅游体验时对各因子的满意度感知也不尽相同,因此,肇兴侗寨可以参考不同熟悉度的旅游者对各因子满意度的不同影响效果,来为他们设计针对性的、个性化的美食旅游体验。为了达到美食旅游体验的个性化设计,需要从物境状态、情境状态和意境状态三个层次去考虑。对于低熟悉度的旅游者,需要重点考虑美食旅游体验的氛围环境,突出侗乡特色与元素的同时营造干净、舒适的环境；对于中熟悉度的旅游者，则要考虑在其进行美食旅游体验的过程中，为其提供积极友好、无微不至的服务；而对于高熟悉度的游客，除了体验的环境氛围之外，更要对侗族餐厅的地道与正宗多加考量。肇兴侗寨的管理者可以根据不同熟悉度的旅游者的特点，为其设计合适的美食体验产品或路线，通过新媒体进行定向的推送，以帮助旅游者实现个性化的旅游体验。

5.2.4 研究展望

本研究虽然在研究对象、研究内容上具有创新性，但是也存在一定的不足之处。首先，熟悉度知识影响美食旅游体验质量其中的一个前置变量，本研究仅通过单因素方差分析了这一对变量之间的关系，后续的研究可以将更多的变量纳入，通过构建结构方程，来获得更为全面的研究结果。其次，本研究仅以黔东南黎平肇兴侗寨这一个案例地为例，使得研究具有一定的狭隘性，日后可将此方法应用于多个案例中，并作对比分析。

参考文献

[1] 梁强. 面向体验经济的休闲旅游需求开发与营销创新[D]. 天津财经大学, 2008.

[2] 李萍, 许春晓. 旅游体验研究综述[J]. 北京第二外国语学院学报, 2007, 07: 1-8.

[3] 郑玉凤. "多感"视角下江南古镇旅游和景观体验研究[D]. 北京: 北京林业大学, 2015.

[4] 肖芸. 论旅游与跨文化交流[D]. 四川师范大学, 2005.

[5] 杨振之. 论旅游的本质[J]. 旅游学刊, 2014 (29), 03: 13-21.

[6] 符全胜. 旅游目的地游客满意理论研究综述[J]. 地理与地理信息科学, 2005, 21(5): 90-94.

[7] Prentice R. Tourist familiarity and imagery [J]. Annals of Tourism Research, 2004, 31 (4): 923-945.

[8] Fields K. Demand for the gastronomy tourism product: Motivational factors [A]. Hjalager A. M., Richards G. Tourism and Gastronomy [M]. London and New York: Routledge, 2002, 36-50.

[9] Telfer D. J., Wall G. Linkages between tourism and food production [J]. Annals of Tourism Research, 1996, 23(3): 635-653.

[10] Smith L. J. S. Restaurants and dining out: geography of tourism business [J]. Annals of Tourism Research, 1983, 10(4): 514-538.

[11] Cohen E., Avieli N. Food in Tourism: Attraction and impediment [J]. Annals of Tourism Research, 2004, 31(4): 755-778.

[12] Quan S., Wang N. Towards a structural model of the tourist experience: An illustration from food experiences in tourism. Tourism Management, 2004, 25(3): 297-305.

[13] Swarbrooke J. The Development and Management of Visitor Attractions [M]. Oxford: Butterworth-Heinemann, 1995.

[14] Freedman J. L. Social Psychology [M]. Englewood Cliffs, N.J.: Prentice-Hall, 1974.

[15] Cohen E. Toward a Sociology of International Tourism [J]. Social Research. 1972, 39(1): 164-182.

[16] Horng J. S., Liu C. H., et al. Understanding the impact of culinary brand equity and destination familiarity on travel intentions [J]. Tourism Management, 2012, 33: 815-824.

[17] Stevens P., Knutson B., Patton M. Dineserv: A tool for measuring service quality in restaurants [J]. Cornell Hotel & Restaurant Administration Quarterly, 1995, 36(2): 56-60.

[18] 李曦. 旅游目的地新媒体整合营销传播研究[D]. 南开大学, 2014.

大地乡居·鹤影里

图片来源：北京大地乡居旅游发展有限公司提供

美食文化与品牌构建
Culinary Culture and Brand Building

程小敏	旅游休闲街区中美食文化的运用与表达——以昆明茶马花街为例
王 欣　马紫蕊　石 莹	以传统美食激发地方发展新动力——珠海斗门区美食旅游品牌建设创新实践
韩雨辰　马建林　石自彬	美食旅游对重庆城市形象构建的影响探究
周书云　张嘉欣	顺德"世界美食之都"品牌认知调查

旅游休闲街区中美食文化的运用与表达
——以昆明茶马花街为例

Presenting the Culinary Culture in Tourism and Leisure District : A Case of Chamahua Street in Kunming

文 / 程小敏

【摘 要】

美食在旅游休闲街区中的作用日益凸显,但如何在街区规划中有效运用美食并进行美食文化的呈现和表达尚缺乏有效思路。论文在分析旅游休闲街区中美食文化体验的优势性和特殊性的基础上,系统剖析了昆明茶马花街在美食的在地化呈现、特色挖掘和体验展演方面的创新实践,提出街区中美食文化表达的关键在于聚焦人以及饮食背后的生产消费场景和状态,以景观思维、演艺思维和生活思维来进行美食实体内容、身体艺术和虚拟内容的文化表达。

【关键词】

休闲街区;业态组织;美食文化;经营模式;文化表达;昆明茶马花街

【作者简介】

程小敏 华中师范大学国家文化产业研究中心博士研究生

注: 本文图片除标注外均由西安宽喜堂旅游开发有限公司提供。

在当前特色小镇、古镇、古村落以及文化主题街区打造的火热趋势中，美食在旅游休闲体验中发挥的作用越来越凸显。美食因其实体的功能性而成为完成旅游体验过程中必备的要素，而且以其天然的参与性和互动性成为聚人气、聚商家的重要手段和载体。特别是随着旅游休闲街区日益增多，竞争加剧，美食尤其是地域美食往往能成为打造街区核心竞争力的重要内容。

在街区规划中如何有效运用美食并进行美食文化的呈现和表达？从目前的街区规划和运营实践来看，虽已有了袁家村这样以美食特色火爆全国的街区案例，但在具体操作思路上仍缺乏系统分析。目前，大部分旅游休闲街区已经意识到美食文化的重要性，但在具体规划设计上依然身陷旅游资源规划思路和传统商业街区模式中。一方面，关注街区的旅游休闲定位，重视街区美食实体内容丰富性和多元性的呈现，却忽视了对美食的景观属性、美食体验的特殊性和街区美食客群需求的研究分析，容易出现街区美食与游客美食体验诉求不匹配的情况，导致难以形成持久的美食消费动力，无法发挥美食作为彰显地域文化载体的作用。另一方面，无法平衡好商业化和文化主题的关系，一味强调街区招租和短期火爆效应，聚集大量网红小吃，缺乏对地域特色美食的挖掘和彰显，一旦后期管理不到位或猎奇冲动结束，街区餐饮消费很容易成为游客投诉抱怨的重灾区。

针对当前这种现状，有必要从美食的文化特性和街区的体验特殊性中去重新思考旅游休闲街区中到底如何运用美食，如何进行美食文化的表达，才能真正发挥好美食在街区的体验功能和文化载体作用，将美食独特的地域价值和体验价值转化为街区的核心竞争力。论文将以具体的案例实践对旅游休闲街区中美食文化的运用与表达思路进行探讨。

1 旅游休闲街区中美食文化的优势性和特殊性

美食文化①的运用与表达不仅局限于以美食文化为主题的街区，而且在一般性的文化旅游休闲街区中美食也有着与街区和谐共生的内在优势性，甚至从旅游体验的感官属性和文化属性来看，美食往往会因为其体验的特殊性成为承载着场所精神的街区成败的关键因素。场所精神强调街区作为客观物质环境存在，只有在与人的主观感觉和意识产生互动和共鸣时，才能理解其文化内涵，并对场所形成肯定认可[1]。美食不管是作为一种文化形式还是作为一种旅游体验要素，不仅具备彰显街区场所精神的潜质，而且具备提升街区文化品位的特质。

1.1 美食在街区文化应用与表达中的优势性

1.1.1 美食文化的普适性使其成为街区内容设计的首要选择

人类学家张光直（K·C·Chang, 1977）先生曾说："到达一个文化的核心的最佳途径之一就是通过它的肚子"[2]，同样在旅游体验中，美食往往是不同族群、不同人群了解、认知和体验地方特色文化、风俗习惯和生活方式的最便捷、最直接的渠道。当前国内外学者在研究美食旅游时，也强调美食品尝对加深当地文化了解、提高体验满意度有着重要的意义。因此在街区这个承载着场所精神并以文化主题为主张的空间里，美食相关内容往往会成为街区内容设计的首要选择。表1对当前不同类型旅游休闲街区中主要餐饮业态的内容和特点进行梳理，虽然不同文化主题和功能定位的街区餐饮业态有所差别，但没有餐饮的街区是不可想象的。

1.1.2 美食文化的天然地域性使其成为街区文化吸引力的重要载体

曾国军、刘梅认为饮食的地方性不仅是食物的核心特质，而且是全球化背景下"地方身份"的最好表征[3]。张骏、侯兵基于美食旅游视角分析不同类型乡村旅游者需求时，也发现"地方性"在不同类型旅游者中有着广泛的关注度[4]。美食文化在其形成发展的过程中与地域有着天然的联系，美食文化最具吸引力的特点就在于其独特的地域标签，"在地化"嵌入不仅是饮食文化的独特身份展示，更是旅游语境下的吸引物要素。

美食不仅仅是满足生理功能的实体，更成为以文化主题为切入点的街区传承地域文脉、彰显地域文化吸引力的重要载体。表1中，不管正餐的主题化还是小吃的特色风味要求本质上都表明美食地域特色对街区的重要意义。此外，从经营业态来看，餐饮在目前各类文化旅游休闲街区中所占比重一直居高不下，成为街区集聚人气的重要内容，且不论当前国内以美食为特色的袁家村和成都锦里，即使像成都宽窄巷子、南京夫子庙、上海新天地等休闲型或购物型的街区中，餐饮的比重一般都超过

表1 不同餐饮业态类型在街区的特点

类型	特点	停留时间	互动参与程度	消费水平	适用情况
正餐	以地域特色为特点，突出主题化和精致化	较长	低	偏高	多出现在休闲型或购物型街区，如宽窄巷子、上海新天地
简餐	以休闲的茶点、茶饮、西式简餐和小食为主	短	一般	中等	在各类街区中普遍存在，以连锁店或网红店为主
小吃	以民俗小吃、特色风味为主	较短	强	低	多出现在历史/传统文化街区或古村落古镇，如锦里、袁家村

30%，成都宽窄巷子达到50%，南京夫子庙餐饮购物超过79%。

1.1.3 美食文化内涵的延展性使其成为街区产业空间的最佳业态组织

美食文化所涵盖的从田间到餐桌的物质内涵以及从风俗、礼仪到价值观的非物质内涵，在现实的生产生活状态中都以不同方式、不同途径实践着，并在与自然、社会、人际关系的互动中延展和发展出不同的内容。地域美食所关联的体现生物多样性和地理区位优势的特色农业食材，因地域美食体现敬天酬神和人地和谐的生态观而在历史进程中演化出的农业祭祀节庆或食俗等，这些内容对于街区进行产业空间和文化空间的设计都能带来创意启示和运用思路，尤其是在完成旅游体验过程的商业业态布局中，美食往往成为街区业态定位的功能线索，围绕"食"延展到"饮"，延展到手工作坊、农副产品等，这些都是街区中常见的业态组织。

1.1.4 美食文化内容的多元性使其成为街区体验互动的关键元素

饮食作为一种地域传统商业形式和群体生产生活方式，从制作、食用方式到制作者、食物的色彩造型、感官刺激以及整体店铺景观往往都具有形式多样性、内容多元性特点。相比其他文化旅游体验方式，美食文化作为一种行为文化载体，更具有展演体验的优势，很容易成为街区中最具吸引力的元素。

从游客的感官体验来看，在街区中看到的热闹和新奇，大部分都与饮食有关，不管是听觉上的叫卖声、视觉上的传统制作流程和食肆饭铺，抑或是情感经历中的记忆共鸣，都可以借助与美食的互动参与来实现。美食文化内容的多元性能解决街区在环境氛围和情感上的体验真实性，吃最地道、最正宗的美食，观看现场制作感受传统"手作"的温度和淳朴，在传统的建筑和氛围场景中激发对生活和情感的共鸣，这些都切中了当前文化旅游消费群体的体验诉求。如果街区能做到这些美食文化内容的体验互动，在某种程度上也就解决了街区的活态性和客源持续性问题。

1.2 美食在街区文化应用与表达中的特殊性

1.2.1 美食体验的敏感性

如前述美食文化内容具有很强的参与互动性，是游客街区体验的重要内容，但这种体验往往也具有"先入为主"的强渗透性。调研数据表明，街区休闲旅游中，超过60%的人是冲着吃去的或对饮食印象最深刻。因此，街区中美食所呈现和表达的内容往往会影响到游客对街区的评价，或者说美食体验的好坏成为游客是否重游的关键。研究者基于游客满意度或体验评价的众多案例研究都表明，在文化街区、旅游景区或休闲步行街中，游客评价的"太商业化"（如南锣鼓巷、户部巷）或"会再次重游"（袁家村）都是源于美食。但是美食体验的环节众多、形式多样，食品安全、产品品质稳定性以及街区运营水平都会影响到美食体验的评价，因此美食体验也成为"成也萧何，败也萧何"的街区满意度敏感地带。

1.2.2 美食消费的身体局限性

美食首先是作为一种生理满足型体验，具有身体的占有性，或者说是参与性。一方面存在着时间和生理限制，面对街区琳琅满目的食物，不可能实现家家都消费，消费上具有食物总量上的限制性。不同于一些不具备身体性占有的旅游吸引物，譬如游览黄山，各种美景都可以尽收眼底或以影像方式保存，但美食只能通过身体去体验。这也是为什么当前很多文化旅游休闲街区会选择非正餐的特色小吃为主打餐饮业态，虽然消费单价不高，但能通过较高的消费频次来聚集人气，但对于街区中如何进行餐饮业态的合适配比，如何解决餐饮品类冷热不均的问题尚缺乏有效途径。

另一方面，个体的饮食偏好和味觉记忆往往受个体生活环境和文化观念影响，具有相对的身体顽固性。这往往使得旅游体验中异质性诉求面临着诸多挑战，存在着味觉记忆所带来的文化同质化和习惯性问题。例如吃辣和不吃辣的问题，吃面食和吃米食的习惯差异，都会影响到街区中游客的选择和体验满意度。当前很多街区在选择餐饮品类时往往容易陷入一味地求新求奇求异或者一厢情愿地琳琅满目的误区中，饮食口味的差异性只能带来一时的尝鲜，要真正形成口碑，带来回头客，还需要基于街区目标客群进行饮食偏好或地域饮食特点的调研分析，实现旅游体验的异质性和美食味觉记忆同质化的平衡。

1.2.3 美食审美的情感记忆性

袁文军等（2018）在梳理和辨析当前有关美食旅游的研究时，指出大部分研究者都把美食体验作为旅游的保障配套因素和辅助动机[5]。这种思路在街区的美食运用中也非常普遍，在街区美食文化内容的设计时，往往更突出美食的实体——产品特性和最直观的味道感觉，而不重视美食所关联的文化底蕴呈现。但实际上美食不管是对于本地人还是外来游客，都是一种生活方式和情感回忆。对于美食的感知和评价往往源于背后文化的审美趣味和对食物记忆的综合感觉，这种综合感觉涵盖了食材、食物口感、工艺方式、制作者、制作过程、餐具、就餐氛围、生活状态以及空间环境等元素。可以说，实现美食审美的空间整体性和体验的情感共鸣性是美食体现地域文化价值和资本附加值的独特要求，也是街区美食文化运用与表达取得成功的关键。林婧娴（2016）在进行非遗视角的历史街区设计时，强调街区应重视与人对话的情感经验，使人产生对街区的认同感和沉浸感[6]。切身参与的美食体验具备这种情感经验的真实性要求。

2 旅游休闲街区中美食文化的表达应用——以昆明茶马花街为例

结合上述对美食文化在旅游休闲街区中文化表达的优势和特殊性，我们选择一个以美食为主题的街区——茶马花街，结合其具体的运营及规划实践，剖析其街区美食文化表达应用的思路。

2.1 茶马花街的基本情况

昆明茶马花街位于昆明AAAA级风景名胜景区西山公园的出入口，是当地居民和外地游客游览西山的必经之处，是昆明西山区政府和云南城投主导新建的旅游文化体验步行街项目，主要为了弥补西山旅游景区基础配套服务设施不足，并实现与西山景区的旅游叠加和互促效应。整个街区占地面积24亩，总建筑面积13856m^2，以一条300m长的步行街为主轴线，街区东西布局商铺和二层廊坊，以两条巷道、三条连廊贯连，南北则有两个主题休闲广场，整个街区为"一街两广场、三坊九院落"的建筑布局[7]。建筑风格以民国昆明记忆为主线，共建有14幢2~4层以老昆明民国风貌和现代商业元素结合的院楼（图1、图2）。

街区尽管占据着旅游区位和环境优势以及昆明3号地铁线直达街区的交通便利性，但运行之初一直人气不旺。街区建筑虽然主题鲜明，但建筑单调，街区氛围缺乏亲切感，民国主题的互动参与性不够。2016年茶马花街引入外部专业管理团队，进行了业态、商业布局、招选商、产品定位、展演设计等方面的系统调整，将街区定位为以舌尖上的云南美食为特色。自2017年10月开街以来，火爆异常，获得了巨大的成功，成为昆明旅游的新名片，目前街区运行状况良好，后续消费潜力值得期待。

2.2 茶马花街的功能布局和业态分类

茶马花街在功能布局上以美食体验为主，并结合体验的多层次性，将美食体验的可品尝、可参与延伸到老昆明地域特色文化元素和现代人的时尚休闲元素层面；将滇剧、花灯、茶馆剧场等传统演艺以及咖啡、茶叶博物馆、非遗技艺体验工坊（如滇绣、陶艺、拉糖等）、文创概念店等休闲创意内容等纳入其中，使得整个街区体验更加"有故事"说头、"有表演"看头、"有互动"玩头。我们从街区一层的主体商铺分布可见街区的主要功能布局（图3）。

茶马花街经营业态以云南民族特色美食、名小吃为主，餐饮业态占

图1 茶马花街院落效果图

图2 茶马花街广场效果图

史积淀和食材特色的地域美食到佤族鸡肉烂饭、苗家酸汤、瑶茶、傣族手抓饭、阿昌族过手米线等少数民族风俗饮食。即使是正餐和火锅也是以云南民族特色和食材特色宴席为主，如普洱的茶叶宴、景颇的绿叶宴、昆明的鲜花宴以及野生菌火锅等。一些出镜过《舌尖上的中国》的明星产品如喜洲粑粑、牛奶鸡蛋醪糟、手工卷粉等以及具有非遗传承价值的饮食文化符号如蒙自过桥米线、汽锅鸡也聚集在街区。而且结合街区布局、文化主题以及互动性设计需要，在街区南北广场和主通道还设置了近30辆流动花车和具有表演性和走动性的民国女报童和民国小货娘，以小食、香烟、文创小商品零售为主。

2.3 茶马花街的经营模式：游客需求和商户生存的双赢模式

当前大多数旅游休闲街区从项目立项、开发、规划以及运行落地、管理、经营往往分别由不同的专业团队来负责。开发商团队负责项目的建筑设计，规划设计团队负责商业设计，招商团队负责街区商户招募，运营管理团队负责营销运营和服务保障，入驻商户负责具体内容的经营。从利益链层级来看，处于顶层的项目开发主体，一般采取商铺租售方式来获利，如上海田子坊管委会主要通过从厂房、店铺租金中提成获利，成都宽窄巷子则主要从店铺租金中获利；而处于最底层的经营商户则基于游客消费水平和频次来获利。

这种模式往往会将最终风险转嫁到商铺租户，街区一旦客源萧条或竞争加剧，商户罔顾街区文化主题随

比超过70%，并辅以参与互动性强的工坊和零售业态（表2）。云南地方特色小吃占主体，涵盖了从版纳烧烤、建水豆腐、宣威火腿、丽江鸡豆粉、寻甸吹灰点心、腾冲大救驾、巍山一根面、倘塘黄豆腐等具有历

图3 茶马花街一层功能布局平面图

表2 茶马花街的经营业态构成情况

经营业态	小吃	正餐/火锅	娱乐/酒吧	饮品/文创	零售	工坊	配套	合计
商铺数量（间）	32	15	8	7	4	10	3	79
数量占比（%）	40.51	18.99	10.13	8.86	5.06	12.66	3.80	100
业态面积（m²）	1207.6	4398.9	2298.6	1134.8	129.3	1567.4	176.8	10913.4
面积占比（%）	11.07	40.31	21.06	10.40	1.18	14.36	1.62	100

意变动业态或同质恶性竞争的情况就非常普遍。在进入门槛不高的美食业态中这种现象格外显著，我们经常能在同一街区甚至不同地域的街区看到多家卖烤串、卖酸奶的摊位，据笔者实地统计，北京南锣鼓巷和成都宽窄巷子在美食经营内容上重合比例高达30%~40%。目前不少城市文化旅游休闲街区在经历了1~2年短暂的开业高潮后，因不同群体利益博弈和思维导向差异，后续物业服务、经营管理和业态变动等环节会频发状况，最终沦落为商业化严重、体验感差的街区失败案例。

管理团队在打造茶马花街时，在具体运营思路上改变了传统的街区租金盈利模式，采取的是从商户营业额中提成获利的模式，提出将过去以游客需求为导向、以盈利为目标的开发商思维、招商思维和规划设计师思维变成以游客需求和商户生存双赢的思维。在传统的市场需求导向基础上，更强调街区持续活态性和参与活力目标的实现，将突出商户生存、商户与街区的互动互信作为茶马花街运营模式的突破口。具体包括以下四个部分。

2.3.1 开发主体：以商户生存来实现街区的持续性和竞争性

对于开发主体而言，不再一味地追求街区铺子好卖、租金价高，而是把商户生存以及街区产品的竞争性和持续性纳入到经营思维中，并且放在与游客需求同等重要的位置。商户才是开发商的唯一且产生持续经济收益的来源，而游客需求是开发商经营资产、商户经营市场、街区经营文化在理念一致目标下的必然结果和聚焦点。

2.3.2 运营管理主体：与商户形成休戚与共的联营共同体

对于运营管理团队而言，将后续街区维护、物业服务管理与商户经营利益捆绑，形成休戚与共的联营关系。在街区维护管理中能更加尽心去承担好服务职能，并监督商户做好产品品质把关、食品安全以及交易诚信等方面的工作，共同去维护街区品牌和提升游客体验。即使在街区季节淡季时，由于运营管理方共担风险，商户的心态也会更加积极、更加主动，有坚持做下去、做好的动力和信心。

2.3.3 招商团队：以遴选符合街区主题特色的商户为目标

对于招商团队而言，则变成了选商团队，不再以招商数量和商铺洽谈价格为目标，更强调对商户品质和美食特色的挖掘和选择。基于街区主题特色和游客美食体验诉求选择最合适的美食产品和经营群体，邀请最聚人气、最能打动人的传统美食经营群体是其核心任务。

2.3.4 规划设计团队：全程参与街区功能内容设计和培育

对于规划设计团队而言，变成了全程参与的指导团队，不再仅仅进行街区主题定位、功能布局设计和原则性指导，更需要对美食不同业态、不同经营内容测算出具体营业额抽成标准，确保开发主体投资收益，确保商户抽成后有钱可赚；基于街区设计的动态性、参与性和体验性，配合选商团队，甄别最合适商户，遴选最有特色的美食；指导运营团队和建筑团队做好内容设计、街区品类布局和景观设计等；并对商户进行街区文化表达意图、产品内容、呈现方式、体验参与性、经营思路等方面的经营培训，提高其街区运营能力和盈利能力。

2.4 茶马花街美食文化的表达运用方式

从上述功能布局和经营业态分布来看，茶马花街貌似和大多数美食主题街区大同小异，民国建筑风格在全国也不鲜见，但茶马花街真正的特点就在于不仅呈现美食的实体内容，而且呈现美食的性格内涵，把美食的审美和食性与地域文化、街区氛围、

表3 田野调研的重点美食品类

美食品类	举例
饮食类非遗	宣威火腿，蒙自过桥米线
知名度高的	小锅米线，汽锅鸡
代表性强的	傣族菠萝饭，香茅草烤鱼
地方/地域特色	官渡粑粑，昆明破酥包，玉溪鳝鱼米线
消费者接受度高/市场需求性强	鲜花饼，油糍粑，饵块
重大历史事件推荐过	普洱茶，腾冲大救驾，喜洲粑粑，大理乳扇
土法制作品类	倘塘黄豆腐，手工卷粉，牛奶醪糟
过去记忆品类	吹灰点心（烤洋芋），调糕藕粉
展演性强的品类	阿昌族过手米线，建水烧豆腐
作坊类	巍山一根面，鸡豆凉粉

游客动机进行深度关联和互动，将"美"的味觉审美和情感体验根植在游客心中，将"食"的动态性和参与性渗透在街区氛围中。

在笔者对管理团队的采访中，宽喜堂王喜庆先生结合多年街区规划实战经验，将美食街区建设归纳为"四维互动"理论，即建筑与游客的互动、传统技艺与游客的互动、食品与游客的互动、街景与游客的互动。该理论的核心在于最大限度地调动、激发、提升游客体验的满意和愉悦，进而实现营销传播和商业盈利的目标。但从文化休闲街区对文化的挖掘和表达来看，笔者认为像茶马花街这样的美食街区在美食特色挖掘、美食体验设计、街区展演的实践，不仅是针对当前街区规划建设痛点的一种创新思路，更是一种可借鉴的美食文化表达和运用方式。在茶马花街，美食文化不仅成为街区的灵魂，而且成为旅游体验的核心吸引力和街区的独特竞争力。

2.4.1 在地化的全方位呈现：突出食性与地域文化特征的互动表达

茶马花街以"舌尖上的云南"为切入点，不仅用美食打动游客，而且用美食勾起食客的味觉记忆和情感共鸣，管理团队在产品遴选上的"在地化"呈现原则成就了茶马花街美食的特色和典型，以美食为载体实现食性与地域文化特征的互动表达，放大了美食文化的旅游吸引力效应和地域特色附加值。

一方面，团队进行了广泛而深入的地域特色美食的田野调查。组织了专门的选商和调研团队在云南全省进行了长达数月的深入调研，调研不是简单地走马观花，而是有目的、有标准地对特定美食品类（表3）进行全面调查，与当地人交流，深入到区县村落去寻访和品尝当地人记忆中的味道；不是一个产品调研一家，而是一个产品调研多家，最多达到50多家，以便进行比较甄别；不仅调研美食，而且调研地域美食的制作工艺、

展示细节以及美食与人、自然、村落的故事，借助影像工具记录各类产品的整个制作流程和细节，记录制作者的故事，记录当地人有关美食的记忆和叙述，以便后续专家、设计人员能在充分了解食性的基础上，更好地进行功能布局和展演方式设计。

另一方面，用一套创新而严谨的美食甄选标准，使所选美食既具有"网红"属性，满足游客对美食体验的参与互动和分享传播动机，又具有街区商业附加值和核心竞争力，实现开发商和商户共赢。在上述田野调查基础上，会请当地人、美食专家或美食制作者对一个品类的多家产品进行多方面的品评甄选，整个甄选包括选品种、选类型以及选商户等一系列工作。最关键的甄选标准包括：首先考量是否符合味觉记忆（地理标志、地域口碑是关键）；其次考量是否匹配街区的展演和互动性，如工艺是否可以展演，原料是否独特（如成山的醋缸和成排的辣椒往往更能带来视觉冲击），出品呈现方式是否独特（如捶打，有声响，有氛围）；再次考量食物制作人是否有故事，制作技艺是否有传承，制作技巧是否独特，甚

表4 茶马花街美食的四维度分析评估表

维度层	特征层	类别层	维度层	特征层	类别层	维度层	特征层	类别层
食材维度	食材特性	牛肉	食性维度	味型	酸	市场维度	消费目的	休闲
		羊肉			甜			果腹
		猪肉			苦		价格	0~5元
		鱼肉			辣			5~10元
		鸡肉			咸香			10~15元
		其他			麻			15~20元
	主食特征	面			酸辣			20~25元
		米饭			酸甜			25~30元
		杂粮			酱香			30元以上
		馍类			麻辣		就餐方式	坐食
		饼类			孜香			走食
		粉类		物质形态	稀		单品分量	50克
	是否地域小吃	是			半干			100克
		否			干			150克
	原材料产地	本地		荤素特征	荤			200克
		外地			素			250克
		市场采购			荤素结合			300克
		自购体系		成熟方式	煎			350克
景观维度	原材料来源渠道	一般			炸			400克
		中等			蒸			450克
		良好			煮			500克
	感官视觉冲击力	传统操作			烤			550克
		一般展演			涮			600克
		精彩展演			其他			650克
	现场加工程度	高		出品温度	冷5℃以下			700克
		中			常温5℃~55℃			750克以上
					热55℃以上		是否可以外卖	是
		低		加工时间	快3分钟内			否
					中3~8分钟		是否可以网销	是
					慢8分钟以上			否

美食文化与品牌构建

至还会考量制作人的参与意愿和动机,以便后续在街区文化主题表达上能统一共识,便于培训和管理。

2.4.2 美食特殊性的深度挖掘:实现旅游体验异质性和美食情感同质性的平衡

茶马花街不仅将"在地化"做到极致,而且结合美食体验的身体参与特殊性和街区功能空间的在场性,通过对美食在食材、食性、景观、市场四个维度(表4)的评估设计,在街区氛围、体验效果、布局呈现等方面很好地平衡了旅游体验异质性诉求和美食味觉同质性记忆之间的关系,以美食的文化体验、生活气息、审美趣味、情感经验和创意特质拉近了美食与游客的距离,培养了游客对街区的忠诚度和亲切感,进而形成较高的口碑评价和复游率。

我们结合上表,可以看出街区美食产品经过这四个维度的仔细评估,一方面能将美食体验的互动参与性、美食消费的身体局限性、消费习惯的异质诉求和味觉记忆予以兼顾,另一方面有助于有针对性地解决街区持续活力、商户经营效率、盈利能力所存在的问题,基于饮食消费习惯、消费水平、消费频次进行定价和产品形式调整,基于食性、食材的把握进行街区店铺布局落位的规划,实现店铺之间饮食消费的兼容互补,而非同质竞争或品类重叠。如为给游客营造出好吃不贵和多样丰富的体验,就必须调整分量、调整产品价格的档次分布,坚持产品少而精的要求;如产品口味辣+甜的搭配、小食主食的搭配、固体液体的搭配则可以体现在店铺设置的左邻右

图4 宣威罐罐菜　　图片来源:作者提供

图5 游客与食物制作过程的互动

舍上，醋米线店左边搭配一个粑粑店，右边搭配一个饮品店；如游客现场品尝满意，希望带回去分享，开发愿意带回去、附加创意的半成品则非常必要。

2.4.3 美食展演的系统设计：实现生活共鸣和舞台参与的真实性表达

街区活力的持续性需要通过美食的活态性和生活性来体现，街区美食味觉的地道正宗、技艺展现方式的真实传统、场景的生活化有温度，能使游客通过沉浸于街区、品尝街区美食，激发生活共鸣，产生情感记忆，进而形成较高的消费体验满意度和传播或重游的主动性。茶马花街不仅选地道美食、选手工制作者，而且结合旅游消费体验对真实性和互动性的诉求，对美食进行展演系统的设计，形成街区（生活状态和场景）与游客、食品（味觉记忆）与游客、美食（技艺制作者）与游客的多重参与互动。管理团队考虑展演设计的目标是，不仅仅做街区店铺装饰、招幌、服装等外在的文化主题VI系统设计，更为重要的是结合每一款产品的食性，设计不同的展演方式，让食物鲜活起来，变成游客爱传播（拍照、炫耀、分享）、爱品尝、有共鸣、有认同的文化IP。具体的方式包括：

（1）依据产品特性，展演设计中突出单一环节，形成一店一品，一店一味，放大食物的特殊属性（如味道、声响等），强化产品在视觉上的规模冲击，在游客品尝消费同时，激发其主动拍照传播的意愿。如：一排排罐罐和砂锅所形成的视觉冲击远胜过只摆几个，而且现场制作所形成的食物独特香味、蒸煮的那种热

图6 人潮涌动街巷中的黄包车

图7 卖豆面汤圆的花车

图片来源：作者提供

图8 街边捣糍粑景观

气喧腾场景都能形成现场的吸引力（图4）。

（2）依据制作工艺,展演设计中放大和拉近制作过程,从食物制作的操作动线和服务动线中挖掘可以展演、能引人关注的亮点,满足游客对食物制作过程的好奇心,唤起游客在现代工业化环境中对传统老手艺的记忆和怀旧。游客的举动充分说明了制作过程的吸引力和展演必要性（图5）。

（3）强化美食的集体分享性和街区的开放性。茶马花街为配合民国文化主题,借助景观雕塑、专业道具或剧院演艺等复原了过去的商业吆喝叫卖、街头卖艺等场景（图6）,借助茶马花街的广场空间和巷道设计了花车和流动街贩,营造了一种传统的商业氛围（图7）。

另一方面,发挥昆明春城气温适宜的优势,使食物制作和就餐尽量在商铺靠外的位置,开放式场所本身就是一种分享状态,而食客坐在街头品尝美食的热烈场景也能形成一种独特的食物景观。食物的美味、食客的酣畅享受,无形中对其他游客产生视觉和味觉的刺激,呈现出绝佳的生活气息和状态（图8）。

（4）对特色产品进行系统的展演指导和设计。鉴于云南地域特色美食众多但制作者往往缺乏展演意识和营销理念的现状,设计团队还会进行全方位的系统展演设计,以茶马花街特色的建水三宝店铺为例（图9、图10）。一方面在四个维度分析其特点基础上,对其基本的原料和手工艺提出改进要求,另一方面从商业经营和顾客体验的角度对出品分量（100~250克）、市场定价（5~10元）、展现方式（如要求铁篾

图9 建水烧豆腐效果图

图10 建水三宝店铺实际图

图片来源：作者提供

图11 磨米浆的体验参与

子烤豆腐、现磨米浆、手工漏粉等环节一定要呈现给游客)以及产品品质等进行培训和指导(图11)。

3 旅游休闲街区中美食文化表达应用的思路启示

上述茶马花街的案例,对于不管是在旅游休闲街区中对美食文化的运用还是美食旅游街区中美食文化的表达都具有启发意义。街区规划中,美食文化表达运用从食物到人的过渡、从技艺到记忆的提升不仅是对美食文化在街区功能和价值的重新认识,而且是对街区文化定位和经营思路的重大创新。

一方面,茶马花街的游客需求和商户生存的双赢模式,不仅是其美食文化表达运用思路有效实现的创新机制,更是基于美食经营的特殊性和商户经营能力的综合考量。这种考量本质是基于对街区中"人"的关注,对街区中"人"与场所关系的深刻思考,是对场所精神的灵活运用。

另一方面,对美食文化表达的在地化、特殊性和展演性挖掘,其最核心的理念创新在于美食旅游街区的规划设计对象,不是街区、不是简单的景观资源,而是人以及饮食背后的生产消费场景和状态。在这种对象调整下,我们才能将街区规划设计的任务聚集到人、食物、街区的互动关系上,在游客与街区美食互动中通过展演体验来彰显街区作为旅游景观的吸引力价值和体验功能;在美食商户与街区的互动中通过利益共同体机制来维系和提升街区作为商业空间的市场品牌价值;在美食与街区的互动中通过挖掘美食特殊性和真实性来表达街区作为文化空间的情感审美价值和认同功能。

具体到街区美食文化表达的途径,结合上述茶马花街的创新实践以及美食特殊性要求,我们从实体内容、身体艺术和虚拟内容三个层面将美食文化表达运用的思路概括如下。

3.1 以景观思维进行美食实体内容的文化表达

不再仅仅聚焦于食物本身的色香味形器,更将食物作为建筑设计、创意设计和旅游设计的载体和元素,进行景观化思维的表达。一方面通过街区的墙体或地面雕刻绘画、食材景观(如挂满辣椒、玉米等色彩鲜艳食材)、美食制作雕塑(如爆米花场景)(图12)、实体造型(如吃米线的大海碗)或实物摆放(如石磨、泡菜坛子、醋罐等)进行美食文化的直观表达;另一方面将美食店铺作为旅游线路景点来打造,将每个店铺的布局落位、装修设计、经营内容、制作者、食物都纳入到旅游线路产品打造的思路中,既能体现街区整体文化主题的完整性和行进流线的景观连贯性,又能充分兼顾游客体验的多元性和美食的空间聚集性。

图12 街头炸爆米花雕塑

图片来源：作者提供

力和体验性，通过鼓励游客亲身参与尝试、体验，拉近游客与食物的距离，形成互动的动态表演过程，激发制作者和游客的表现欲，强化游客对街区的信任感和好感，强化制作者对手工制作的自我实现满足感。

3.3 以生活思维进行美食虚拟内容的文化表达

美食的"美"是一种被赋予意义后的价值评判和无法言说的主观感受，与地域文化结合、与时代审美情趣结合、与社会自然等环境因素结合，因此在进行美食文化表达中，美食的地域生活状态、美食的生活态度、美食的风土系统是最内核的内容，也是最能打动游客的虚拟内容。

过去美食街区也好、乡村旅游也好，往往存在着刻意迎合游客需求，将美食定位为满足外地人或城里人求新猎奇的工具。对美食文化作肤浅化表达，只关注有形的吃，而忽视了食物背后的风土文化内容传递，满足了口腹，但无法形成美食的持久印象。游客满足于浅尝辄止和表面新奇体验，没有动力和兴趣去主动了解深层次文化，也就无法因美食体验的深刻印象而提升满意度。这种倾向在某种程度是对生活原真性吸引力价值的忽视，也是对游客美食体验特殊性理解的简单化。美食文化虚拟内容表达是实现美食体验价值跃迁的关键，是提升旅游品质的关键。因此，对于美食旅游街区而言需要在兼顾游客体验和美食两个维度真实性的基础上，突出对原真性生活方式的解构和表达，不仅展现特色食物，而且呈现以饮食为核心的传统生产生活图景，延续和再

3.2 以演艺思维进行美食身体艺术的文化表达

美食体验最大的亮点在于身体的切身互动，文化内容的传递和解说都是通过身体艺术表达来完成的。制作过程、明厨亮灶、现场动态、烹饪器具展示、食客品尝、拍照在本质上是主客双方身体互动的文化反馈和回应，也是最好的文化解说方式。一方面在街区中通过情景再现传统的手工作坊以及手工制品，达到一种舞台化呈现的效果；另一方面在制作者现场制作过程中，以制作和身体表演等来呈现食物对游客的吸引

现传统行为方式,街区中现场制作、古法制作过程以及制作技艺非物质文化遗产的展示体验,在彰显街区文脉底蕴的基础上,能有效地以生活图景唤起游客的情感记忆和文化共鸣,使游客在场所融合中形成对街区的肯定和深刻认知。

致谢

本文在撰写过程中得到了西安宽喜堂旅游开发有限公司王喜庆先生和李晓明先生的大力支持,提供相关素材并接受访谈,在此特申明并感谢。

注释

①基于旅游体验动机的角度,在此以"美食文化"来表述传统人文学科约定俗成的"饮食文化"。此外,文中"餐饮"的表述是基于商业经营的角度。

参考文献

[1][挪]诺伯舒兹.场所精神:迈向建筑现象学[M].施植明,译.武汉:华中科技大学出版社,2010.

[2] Chang K. C. Food in Chinese Culture: Anthropological and Historical Perspectives[M]. Yale University Press, 1977.

[3]曾国军,刘梅.饮食地理与跨地方饮食文化生产[J].旅游学刊,2013,28(3):9-11.

[4]张骏,侯兵.基于美食旅游视角的乡村旅游者类型及特点研究[J].美食研究,2018,35(02):18-23,31.

[5]袁文军,晋孟雨,石美玉.美食旅游的概念辨析——基于文献综述的思考[J].四川旅游学院报,2018(02):37-41.

[6]林婧娴.基于非物质文化视角的文化街区设计研究[D].浙江工业大学,2016.

[7]云南日报.昆明茶马花街打造西山旅游特色风情步行街[EB/OL].[2017-08-10] http://ylxf.yn.gov.cn/NewsView.aspx?NewsID=214919.

以传统美食激发地方发展新动力
——珠海斗门区美食旅游品牌建设创新实践

Traditional Food as a New Stimulation to Local Development: The Innovative Practice of Culinary Tourism Branding of Doumen District, Zhuhai

文 / 王 欣 马紫蕊 石 莹

【摘 要】

美食是旅游者旅游体验的重要组成部分之一,也是旅游目的地的主要吸引物之一。珠海市斗门区拥有丰富的美食资源,但是当地美食旅游发展存在市场小、无引导、缺品牌的问题。项目组基于调研分析,提出了斗门美食旅游品牌建设的一系列创新策略,包括目标定位、美食榜单、漫画故事、美食视频、美食地图、GIS数据分析平台和产业引导策略等,并将灵活的品牌推广措施付诸实施,最终帮助斗门区提升了美食旅游品牌知名度,促进了斗门旅游业的转型升级,真正实现了以传统美食激发地方发展新动力的目标。

【关键词】

美食旅游;传统美食;珠海斗门;品牌建设

【作者简介】

王 欣 通讯作者,上海天华城市规划设计有限公司规划设计总监,国家注册城市规划师
马紫蕊 上海天华城市规划设计有限公司规划师
石 莹 通讯作者,上海天华城市规划设计有限公司项目负责人、规划师

1 美食旅游品牌建设的必要性

1.1 美食旅游发展的趋势

2000年首届地方特色美食与旅游发展国际会议提出要将地方美食打造成旅游目的地的独特吸引物[1]。经过十余年的发展,其概念与内涵不断丰富。沃夫(Wolf)强调美食旅游就是一种旅游,其目的是为了寻找和享受饮食及独特、难忘的美食体验[2]。凯薇拉(Kivela)等提出美食旅游是一种特殊兴趣旅游,主要是以品尝异地美食佳肴为动机甚至是唯一动机的新型旅游形式[3]。吴晓东认为美食旅游是到异地以享受和体验美食为主的一种休闲娱乐方式[4]。管婧婧则重视美食旅游的延展性,认为目的地所有与美食相关的旅游产品都属于美食旅游的业态范畴[5]。其实,美食旅游是以享受和体验美食为主题、以旅游为载体的具有社会和休闲等属性的旅游形式,我们将它定义为强调以美食相关的旅游资源为吸引物的外出过程。

当今美食旅游正迅速成为流行和有趣的旅游形式[6]。中国旅游研究院和马蜂窝联合发布的《全球自由行报告2017》显示,2017年境内旅游餐饮消费增长20.1%,境外旅游餐饮消费增长14%,可见自由行旅游者追逐美食的狂热。随着生活水平的提高,旅游者的美食之旅,已从简单的果腹之需转向更加多样化、个性化消费需求,旅游者不仅要吃,更要吃出特色、吃出品味、吃出文化,美食旅游主题随着时代的变化而变化,求异、求奇、求野、求养、求补、求绿,层出不穷,这也对旅游目的地的美食旅游品牌建设提出了更高的要求。

相比于国外来说,国内在美食旅游品牌建设方面起步较晚且目前还存在不足之处。而欧洲各国一直关注美食旅游产品的品牌化建设,比较有代表性的国家有爱尔兰和新西兰。2002年爱尔兰食品协会推出了"纯洁的爱尔兰,纯正舌尖餐"(Pure Ireland, Pure Taste)的美食主题,并持续在美国西部进行市场推广,达到了提升爱尔兰美食品牌影响力的传播效果;新西兰围绕1993年创立的"新西兰之路"品牌,大力打造"新鲜新西兰之路""品尝新西兰之路""体验新西兰之路"的美食旅游品牌,1998年"新西兰之路"的170个合作品牌共同占有20%的新西兰外汇收入,也代表了20%新西兰最好的公司。爱尔兰和新西兰的美食旅游产品的品牌化建设扩大了国家美食旅游品牌的影响力和知名度,增加了美食旅游品牌的高附加值,而这也将成为我国美食旅游发展的一个必然趋势。

1.2 美食旅游发展的意义

美食旅游发展对于旅游者和旅游目的地来说都具有重要的现实意义。

一方面,旅游者可充分品尝风味独特的地方美食,还可亲手烹制美食,了解当地美食文化,丰富旅游体验。"食、宿、行、游、购、娱"是旅游的六要素,也是旅游者旅游体验的来源,六要素之一的"食"是旅游者体验的重要组成部分[7],美食旅游发展可以满足旅游者品尝当地特色美食、感受当地文化、体验当地居民饮食生活以及社会交往的旅游需求,让旅游者拥有可品鉴、可回味、可互动、可购买的旅游体验。因此,相比于其他的旅游类型,美食旅游的参与性更强,如观看烹饪比赛、采摘食材、学习制作美食、参加美食节等一系列的活动都有利于帮助旅游者养性健身、更好地认知和理解当地的文化生活。

另一方面,美食旅游发展有利于弘扬地方饮食文化,焕发地方人文生机与活力。作为城市特色文化的重要组成部分,传统美食的健康发展已不再是关乎饮食文化自身的问题,还会对城市旅游形象的形成与城市的综合发展产生重要影响[8]。美食的种种体验通常会给旅游者留下较为深刻的印象,强化旅游者对目的地形象的认知,所以促进美食资源转化为丰富的旅游产品,用美食表现目的地品牌个性,将成为旅游目的地营销推广的新路径[9]。美食旅游的发展有利于提升区域整体形象,形成吸引旅游者的新诱力,实现餐饮业与旅游业的深度融合,从而带动整个区域经济的调整与升级。此外,地方美食旅游的发展有助于向世界推介地方美食,进一步弘扬地方餐饮美食文化,将增强当地居民对地方美食文化、人文精神的认同感和自豪感,为地方发展凝聚人心、增添活力。

2 珠海斗门区美食旅游品牌建设之路

2.1 斗门区美食旅游发展存在的问题

斗门区地处珠江三角洲西南端、珠海市西部,东连中山市,北倚江门市,与澳门水域相连,下辖井岸、白蕉、斗门、乾务、莲洲5个镇。山海相望的地形地貌、温润多雨的气候条件、多族群共同生活的环境

图1 基础调研工作

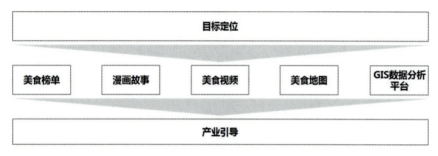

图2 项目开发与设计内容

造就了斗门区独具特色的岭南饮食文化。斗门区盛产美味佳肴,有着深厚的美食资源基础,斗门重壳蟹、白藤湖莲藕、白蕉海鲈、姜炒藤鳝、上横黄沙蚬、横山鸭扎包等传统美食缤彩纷呈,是粤西地区岭南水乡的饮食文化缩影。此外,斗门区还孕育了众多品质优良的海鲜、水果物产,拥有传承自宋代的传统美食制作工艺、执着的民间美食手工艺人、勇于推陈出新的餐饮行业先锋、经验老到的粤菜大厨等。

但是,总体来看,斗门美食旅游的市场影响力小、知名度低。斗门传统美食品牌意识较弱,没有树立强有力的品牌形象,对美食的宣传营销力度不够,一些美食除了当地人,外地旅游者对斗门美食的认知度普遍不足,加上没有明确的引导,外地旅游者也无处找寻,因此不少美食资源无法形成美食旅游产品。斗门美食的品牌影响力和知名度亟须提升,但较长时期以来,品牌推广路径不明,无法充分发挥当地美食资源优势。

2.2 解决问题的基础调研工作

为解决斗门美食品牌影响力问题,项目组先开展了扎实的基础调研工作(图1),包括:(1)实地考察,实地走访斗门区5个镇的37家店铺以获取当地较为全面、准确的美食信息,打牢美食旅游服务基础;(2)问卷调研,采取网上抽样调查的方式回收了284份有效问卷,并通过对问卷的统计分析深入了解斗门美食市场、形象和营销方面的状况,为美食榜单制定、美食产业规划、营销规划提供依据;(3)食客访谈,访谈5位当地不同年龄阶段的美食爱好者,了解他们的美食观点,并请他们推荐地道美食。

2.3 项目开发与设计

基于前期调研分析结果,项目组针对斗门美食旅游品牌建设作了详细的运营规划并付诸实践,包括:1大目标定位;1个美食榜单;1组漫画故事;1部美食视频;1套美食地图;1个GIS数据分析平台,以期通过旅游业、手信等产业引导来复兴当地的传统美食文化,提升斗门地区旅游形象的知名度和美誉度(图2)。

3 珠海斗门区美食旅游规划实施成果

3.1 目标定位

项目组对斗门区的总体定位是"岭南美食休闲旅游目的地",有三个分目标:以斗门美食为依托,实现餐饮业与旅游业深度融合,以美食品牌建设提升斗门区的整体知名度,打造成为斗门旅游最具影响力品牌;全面提升与建设美食旅游目的地,成为广东省美食旅游地榜样,打造全国美食旅游新名片;以美食旅游为主题的旅游目的地形成,开发美食旅游线路、举办节庆活动等共同助推斗门旅游业的发展,切实成为斗门旅游业多点多级发展的支撑产业。

3.2 美食榜单

项目组依据当地美食名家打分,采用德尔菲法确定了美食评价

图3 斗门风味美食榜单　　　　　　　　　　　　　　　　　　　荆文文/绘

指标体系，然后依托数据属性，定制了斗门美食的三大主题榜单，分别是：具有市井味道、价格实惠、人气小馆的风味榜；具有当地特色、实力推荐、精选之品的臻选榜；体现新新元素、饕客之选、高端美食的明星榜，这些最地道的美食榜单为旅游者寻找专属的美食体验点提供了更多方便。

三大主题榜单分期推出，其中，2017年主打风味榜，榜单汇聚了众多简朴实惠的风味小馆，带领大家去纵深发掘斗门区当地的特色美味，以此打出斗门美食知名度；2018年随着斗门美食体系的不断成熟，主打更高层次的臻选榜与明星榜，吸引更高层级的市场消费群体，扩大市场占有率，并提升斗门美食旅游品牌的美誉度；2019年斗门美食品牌的影响力已然形成，此时需要进一步完善榜单体系，实现粉丝经济效益，在旅游者中形成良好的口碑并赢得他们的忠诚度。

图3是2017年推出的"斗门风味美食榜单"，斗门区每个镇的美食有着自己的味道，其特色有所不同。其中，莲洲镇田园缤纷的营养美食深受食客喜爱；乾务镇的美食多是农家土味，让外来游客品味乡愁、感怀往事；斗门镇是广东省的历史文化名镇，当地美食与古韵并存；井岸镇的美食则藏着最质朴的市井手艺；白蕉镇有着非常正宗地道的水乡美食。

3.3 漫画故事

美食旅游宣传的方式需要被大多数人所认可，才能达到较好的宣传效果。近两年来中国动漫行业的用户规模不断扩大，漫画的流转率高、传播途径多，以趣味化的漫画将斗门区的美食与人文生活相结合，可有效

图4 漫画第1集 鸭脚包的历史渊源　　　　　　　　　　　　　　　　　　　　　　　　　　　　　　　　顾思义/绘

打开美食旅游市场，让更多人对本土地道美食产生兴趣。

漫画采取四格形式和水彩水粉的手法，借鉴半写实手绘风格，将斗门区的美食与民俗文化、制作工艺以及特色建筑等相互融合，温情而有趣地表现了斗门美食背后的故事与人文情节。斗门区的经典地道美食包括鸭脚包、黄沙蚬、重衣蟹、艾饼、虾米糍等十二种，十二集的趣味性漫画一期一会，短小精悍地呈现出斗门的美食文化（图4）。

此外，漫画故事可结合新媒体进行全民营销。升级官方App"自在斗门"和微信、微博等新媒体平台进行传播推广，趣味漫画秀出斗门区的美食及其背后的故事，直接形成营销攻势；游客秀出自己的所见所游所食，以"圈子"的力量推动口碑宣传。并与大众点评、携程、去哪儿等互联网平台合作，通过投放广告及微电影等形式推广斗门美食旅游品牌。

3.4 美食视频

观众往往认为声画兼容的纪录片表达的是事实，纪录片中形象生动的解说词、精彩的镜头给观众带来无穷的韵味和美的享受。斗门区推出自己的美食纪录片《斗门味道》，四季各有主题，细腻画面、生活场景再现，全景展示斗门美景美食和地方文化，让旅游者在美食娓娓道来的视频之旅中，寻味舌尖的体验，同时探寻美食背后的人物故事、历史文化。

根据斗门区的季节变化、食物的特性，美食视频分为春夏秋冬四个季节拍摄4集，平均一集10分钟左右。每一集拍摄3种食物，包含美食食材获得、居民文化传承的故事。每一集单独拆分为5分钟左右的短篇故事，用于手机等移动终端播放。斗门美食视频有别于传统的美食节目，在探寻每一道美食的同时，还会介绍当地的特色美景、美食文化及人文传统等（图5），提升观众的文化认知能力。

3.5 美食地图

设计美食图标是制作美食地图的前提和基础。项目组依据斗门美食实拍图片设计了精美的美食图标，充分体现了独特性和识别性，图标准确地传达了斗门美食特定的识别信息，有利于吸引消费者的关注，使消费者能够很轻易地记住斗门美食的名称和形象。

精美的美食地图是基于对斗门当地特色美食的探寻和深入挖掘，兼具功能性与审美性，包含5个镇具有代表性的美食图标、名菜、名店、餐厅位置、方言学习等丰富的信息，它是集结斗门美食的藏宝图，为美食爱好者提供了最可信任的美食指南，方便他们尽情享受散落在斗门区各个角落的美食（图6）。作为吃货的必备手册，一张丰富多彩且权威的美食地图能够轻易打动游客的心，也是游客带回家做手信的最佳选择，这种有创意的美食宝典颇受游客欢迎。

3.6 美食旅游指南

项目组前期的工作为斗门旅游美食指南的制作提供了丰富、翔实的基础资料。

《斗门味道》是一本斗门美食手册，旅游者不但可以从中了解到斗门区的历史发展、基本概况，还能查询到斗门家常美食、非物质文化遗产美食、乡土风味美食、斗门手信以及知名酒家等全面的基础信息。这一手册帮助初游斗门的旅游者快速了解斗门，让他们在体味美食的过程中探寻斗门文化，毫无疑问是旅游者的心仪宝典（图7）。

海鲈鱼制作

品尝鱼面

美食旅游活动

图5 美食视频部分画面图片　　　　　　　　　　姚哲赟/摄

美食文化与品牌构建

图6 斗门美食地图   荆文文/绘

3.7 GIS数据分析平台

地理信息系统（GIS）主要用于对斗门美食进行空间分析，前期通过调研和复核确认，将斗门美食的文本数据和矢量数据录入系统，建立斗门美食旅游资源的空间数据库，然后数据库会输出有关斗门美食店铺的空间分布、名称、环境、服务和美食的口味、价格、评价、照片等信息（图8）。依托GIS技术，建立相关数据库，便可轻松实现对这些有用信息的获取、存储、更新、分析及显示等，也方便用户从中查找到符合自己要求的美食信息，有利于实现美食信息实时的空间查询功能，同时GIS强大的数据存储、处理和管理功能可以为斗门地区美食旅游服务开发提供强有力的支撑。

3.8 产业引导策略

项目组为斗门区的美食旅游产业提出了"2+N+互联网"的发展模式。"2"指供应端、消费端两大端点，以供应端、消费端为发力点，两者协同发展以推动斗门美食旅游产业的大发展。"N"指美食旅游产业的N个细分，着力发展以美食贯穿旅游的休闲度假、生态体验、商务会展、康养医疗、主题购物、文化展览等N个横向产业，以丰富斗门的美食旅游产业体系。"互联网"指以互联网+大数据技术作为斗门美食旅游精准营销的利器，帮助斗门餐饮企业快速将当地美食产品推送到消费者面前，建立一套个性化的消费者沟通服务体系，从而为消费者带来优质的美食体验，提高消费者黏性，扩大斗门美食品牌的影响力。

另外，广东自古就有"手信"的说法，人们通常出远门回来时会捎些小礼物给亲朋好友。传承斗门历史文化，秉承传统工艺，推崇健康食材，设计创意兼具实用、轻巧便携的手信，促使更多人把斗门的手信食品带回家，让更多人了解斗门的特色美食和传统文化。

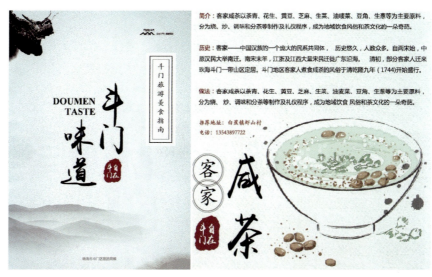

图7 斗门旅游美食指南及其美食信息　　　　　　　　　　　　　图片来源：由珠海市斗门区旅游局提供

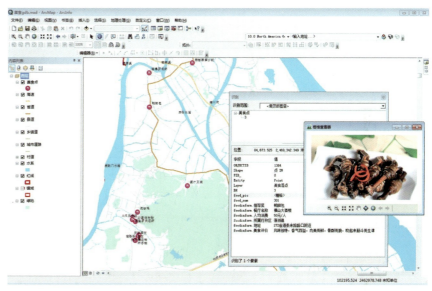

图8 斗门美食GIS数据库界面　　　　　　　　　　　　　图片来源：作者提供

4 结语

4.1 斗门区美食旅游品牌工作的实施推进

为推进斗门美食旅游的发展，在项目组提出一系列的美食旅游品牌建设创新策略并将品牌推广措施付诸实施的同时，珠海市斗门区政府也积极采取了各种措施以推广斗门美食品牌形象。2018年"五一"期间，斗门区各镇密集举办了乡村美食节活动：白蕉镇虾山村的"食乐虾山"客家文化美食节凭借具有浓厚客家风情的美食霸占了食客们的味蕾，吸引游客达4万人次；南澳村稻田艺术节的"稻田餐桌"上的农家美食让食客们体验了"乡村味道"；乾务镇网山村的"网山味道"古村文化

图9 莲江乡村音乐节　　　　　　　　图片来源：斗门旅游局官网

美食节呈现了当地精制的手工美食。"十一"期间，2018斗门美食文化节以"清新黄杨 寻味斗门"为主题的总展位达到了150个，每天进场的市民和游客均达到数万人次；莲洲镇十里莲江农业观光园举办了集美食和音乐于一体的莲江乡村音乐节（图9）。

4.2 斗门区美食旅游品牌建设的思考

项目组通过准确、鲜明地提炼出斗门当地独具特色的旅游文化品牌，创造性地设计美食榜单、漫画故事、美食视频、美食地图，以大众乐于接受的方式、易于理解的语言、更有感染力的表述进行宣传，有效地推广了斗门区的传统美食和饮食文化，加之当地举办了丰富多彩的美食节庆活动，让"食在斗门"的美名越来越广为人知，并逐渐被各界人士认可。斗门美食已成为斗门旅游文化的新名片，成为斗门区拉动内需、刺激消费的新动力，有力地促进了斗门旅游产业的转型升级和社会经济的发展。

由规划向实践推进，切实做好品牌推广运营的工作，把斗门美食的优势和特点展现在更多消费者面前，将美食资源优势转化为旅游市场发展优势，实现提升斗门美食旅游品牌知名度的目标，是这次规划的意义所在。规划落地无疑是对规划者的认同，而如何找到资源优势与市场特性之间的最佳结合点，真正走进市场去实践，仍需规划从业人员不断探索。

致谢

本文基于《珠海市斗门区美食旅游规划设计》项目完成，感谢指导单位珠海市斗门区旅游局、合作单位珠海市规划设计研究院的大力支持；感谢项目组其他成员：陈思宁、郑科、黄俊彪、魏璐华、荆文文、欧阳依妮、吴恩荣、顾思义、姚哲赟等提供的指导和技术支撑。

参考文献

[1] Cohen E., Avieli N. Food in Tourism: Attraction and impediment[J]. Annals of Tourism Research, 2004, 31(4): 755-778.

[2] Wolf E. Culinary tourism: A tasty economic proposition [EB/OL]. [2002-04-09/2008-10-09] http://www.culinarytourism.org/faq.php.

[3] Kivela J., Crotts J. C. Tourism and gastronomy: Gastronomy's influence on how tourists experience a destination [J]. Journal of Hospitality & Tourism Research, 2006, 30(3): 354-377.

[4] 吴晓东. 休闲经济视角下我国美食旅游的发展对策 [J]. 中国商贸, 2010(19): 141-142.

[5] 管婧婧. 国外美食与旅游研究述评——兼谈美食旅游概念泛化现象 [J]. 旅游学刊, 2012, 27(10): 85-92.

[6] Kim Y. H., Kim M. C., Goh B. K. An examination of food tourist's behavior: Using the modified theory of reasoned action [J]. Tourism Management, 2011, 32(5): 1159-1165.

[7] 李湘云, 吕兴洋, 郭璇. 旅游目的地形象中的美食要素研究——以成都为例 [J]. 美食研究, 2017, 34(01): 24-28.

[8] 张骏, 侯兵. 基于美食旅游视角的乡村旅游者类型及特点研究 [J]. 美食研究, 2018, 35(02): 18-23+31.

[9] 程励, 陆佑海, 等. 儒家文化视域下美食旅游目的地品牌个性及影响 [J]. 旅游学刊, 2018, 33(01): 25-41.

美食旅游对重庆城市形象构建的影响探究
Culinary Tourism Impact on City Image Building of Chongqing

文 / 韩雨辰　马建林　石自彬

【摘要】

重庆因地理和人文环境，具有独特的饮食文化。"如何开发利用重庆美食资源来发展旅游并以此来构建新直辖城市——重庆的城市形象"是当前的一个热门话题。本文分四个部分：研究背景与意义；美食旅游和城市形象的基本概念、两者之间的关系以及美食旅游如何影响重庆城市形象；美食旅游对城市形象构建的影响，包括动机、文化、目的地定位、市场管理及旅游者的自我满足；文化因素、内心满足及市场管理等因素在美食旅游对重庆城市形象构建方面的具体地位。最终发现美食旅游的文化层次对城市形象构建有核心上位意义，与其他因素也有交叉和共享价值；美食旅游的内心满足因素提升城市亲切感和认同感；而美食旅游的市场管理有利于城市形象的构建，避免城市形象向负面方向发展，从而进一步肯定发展美食旅游对重庆城市形象的积极作用。

【关键词】

美食旅游；城市形象；影响因素；重庆火锅

【作者简介】

韩雨辰　重庆商务职业学院食学研究协同创新中心助教
马建林　重庆商务职业学院食学研究协同创新中心副教授
石自彬　重庆商务职业学院食学研究协同创新中心讲师

注： 本文图片除标注外均由作者提供。

1 导言

经济全球化加速了全球国家之间、城市之间的激烈竞争，城市作为国家的重要构成形式，提供了物质载体和竞争基础，国家间的竞争通过城市竞争得以实现。城市形象将直接关系到城市的发展，包括城市的投资吸引力、教育科技、文化传统及历史特色等，而美食旅游作为20世纪兴起的旅游形式对突出城市的外在表现力，即城市的特点及优势，增加城市影响力的传播，提升城市价值有着重要意义[1]。

美食旅游是塑造和传播城市形象的重要途径，通过传播城市形象，挖掘城市特质，体现城市价值，进而促进城市的软硬件实力，以配合国家战略发展的需要。城市形象是构建和提升重庆美食旅游影响力的基石，而美食旅游对建立重庆城市形象的传播力，增加重庆城市形象的传播形式，都具有重要的内涵和意义。在美食旅游层面形成以重庆为代表，独具重庆特色的城市形象内容和构建过程，提升城市形象、提高重庆旅游美食的吸引力，为其他旅游城市的形象构建提供参考依据[2]。

2 美食旅游和城市形象

2.1 美食旅游和城市形象的基本概念

什么是美食旅游呢？霍尔（Hall）和沙普尔斯（Sharples）提供了对旅游美食的良好初步认识，将美食旅游描述为访问初级和次级食品生产者、食品节、食品品尝和体验专业食品生产地区属性的餐馆和特定地点是旅行的主要推动因素[3]。许多作者，如：赖辛格（Reisinger）和康（Kang）[4]以及史密斯（Smith）和科斯特洛（Costello）[5]均推荐采用这个定义。也有作者认为"美食旅游"是"以品尝美食为主要旅游动机，到异地享受和体验美食为主要旅游经历，利用当地的自然和人文景观来辅助美食旅游的具有文化和休闲等属性的旅游活动。"[6]目前，学术界对其内涵理解逐渐趋于一致。首先美食旅游是一种旅游形式；其次它以地方美食旅游资源、独特的美食文化、美食制作技巧、餐饮服务形式等为载体；最后它是人们从旅行中简单的"吃饱"转向特地为享受美食、追求饮食文化的快乐而开展的旅游活动。基于以上认识，笔者认为美食旅游是以品尝美食、感受美食文化为主要旅游动机，利用当地自然和人文景观来充实美食体验过程，且具有文化和休闲等属性的旅游活动。

城市形象是个人对城市的体感，它是个人对于城市的真切感受，仅仅只是个人的感受。在旅游过程中，旅行者很容易对一个城市的形象下定义。城市形象是旅游者或其他大众对于城市人格的理解和认定，也是对城市固有的硬件系统（城市风貌、城市规划格局、城市建筑）、软件系统（公民素质、政府行为、城市文化）的内容呈现，也包括对城市本身原始数据进行加工提炼后的观念、看法的总和。

美食塑造的城市形象具体表现是什么呢？饮食作为旅游的基本要素，从旅游服务提供者的角度看，是基本的旅游产品之一，也是提供难度较低的产品。饮食作为旅游的一个重要方面很容易对城市形象产生影响，甚至变成城市形象的标签，如火锅之于重庆；从旅游者的角度看，美食是硬性的旅游需求，也是游客满意度的重要参考因素。因而，美食对一个旅游目的地城市形象的构建具有直接影响。近年来，随着社会经济的发展，人们生活水平不断提高，对高品质生活的追求也相应不断上升。游客对餐饮的需求也从吃饱转向吃好，心理因素所占比例越来越大，要吃得有特色、有品位、有文化。在这种消费转型的过渡阶段，重视美食的资源发掘与产品的提升，有助于抓住转型期的市场机会，有助于提高旅游地的核心竞争力。

2.2 美食旅游与城市形象的关系

国内外文献中可发现大量关于"美食旅游"及"城市形象"的论述，为本文的具体展开提供了广泛的理论依据。特奥多罗（Teodoro）等人指出，城市规划、城市营销这两个战略的根本出发点是城市自身的形象[7]。城市形象的概念是多方面的，它不仅限于都市化，还包括其他维度。通过分析影响格拉纳达（Granada）的城市形象的因素，对城市形象的构建提出合理建议。

但对于美食旅游与城市形象这两者之间的关系的探究，尤其以目前短视频社交媒体下的网红城市重庆为特定区域的论文暂未有搜集到，因而探讨这一命题具有一定的前瞻性。

美食旅游在总体城市形象中起着重要作用，尤其是在传播城市形象方面。美食旅游对城市形象的传播过程有两个层面的影响，一个层面为针对城市居民的美食认知形象传播，另一个层面是面向外部旅游者的美食城市形象传播。在这一传播过程中，

图1 天下第一大火锅——重庆德庄火锅

图2 重庆"火锅之都"雕塑

旅游者在相对的环境中,对于城市形象的认识和传播容易受到疏远等先入为主的评判,影响传播效果。这就需要在传播过程中,研究旅游者对美食的喜好、心理期许等,确立从美食旅游切入点设定的城市形象的传播内容和途径,把握有效的信息,才能获得较为满意的传播效果。城市居民于城市的美食评价对于旅游者判定该城市的形象有着重大的影响;在传播过程中,两者都要有所兼顾,实现两手抓,两手都硬[8]。

以美食作为城市形象传播的重要角度,对巩固内部公众对城市形象的自觉传播与面向外部受众的形象传播都有着深远的影响和广泛的传播力。

2.3 重庆关于美食方面的城市形象的设定

重庆位于四川盆地东部,其所处的地形地貌及气候风土,历经时代变迁交融后,汇聚成了重庆独具特色的饮食文化。因此,如何开发利用重庆美食资源来推动旅游发展,并以此来构建重庆这个新直辖市的城市形象是当前的一个热点话题。在国家政策对重庆城市发展的有力支撑下,直辖以后的重庆在各个方面的发展都有较为显著的进步,构建城市形象的意识阶段也逐渐形成。

2007年,第三届火锅美食文化节开幕式,重庆市正式获得"中国火锅之都"称号。以"火锅之都"命名一座城市,在我国历史上尚属首次,重庆以"火锅"打响了城市形象宣传的第一炮,深入人心。将火锅变成重庆的城市名片,吸引游客来到特定的地点品尝火锅,彰显了重庆的地域个性(图1、图2)。

除了火锅，重庆小面也成为重庆独具特色的美食符号。它承载着当地人对生活方式的最直接表现，重庆人的早晨从一碗小面开始，也承载着重庆人对那一口麻辣鲜香的最平民化的表现。从这两种重庆最具代表性的食物展开的旅游，对了解重庆的城市风貌文化特征、重庆人的生活方式和理念都具有重要作用。

3 美食旅游对城市形象构建的若干影响因素

3.1 美食旅游动机对城市形象构建的影响

作为火锅之都的重庆，其美食旅游的动机往往与感官吸引力关系密切。即：希冀以最地道的火锅来满足麻辣的味觉、独特的"火锅味"和不同食材的舌尖触感（图3），来增加旅游的体验感和自我满足感，提升旅游者的旅行满意度，提升对城市形象的好印象，而不同的美食旅游动机与城市形象存在一定关系。

笔者认为从美食旅游的动机角度探讨美食旅游本身存在一定复杂性。美食旅游不仅仅是吃，还需要利用种类创新和体验经济的元素。美食旅游之于游客是关于旅游地的感官吸引力，包括文化体验、真实体验和文化学习，通过人的味觉、嗅觉、触觉等感官愉悦体验社交互动引发的兴奋性（令人兴奋和不同的经历，逃避现实）以及美食享受增加幸福感[9]。这是一种有一定难忘价值的愉快体验，是旅行实际需求和口腹之欲的结合，也是一种感官、消费和地位的体验。其内在动机是旅行者自身如何谈论该地的美食旅游，而外在动机是美食家及各类媒体为了发展技能和获取知识而前往学习和探索。动机的范围从寻求真实的体验到参加美食活动，因此动机是美食旅游设计和创造的关键要素。从物理到生理，从安全到文化和社会需求，还包括归属和个人需求的动机，声望（美食和奢侈品地位或自我实现的需要）。因此，动机代表了多种内心欲望和渴望的综合。

3.2 美食旅游文化的影响

重庆是一个移民城市，在主城区中，广东、上海、江苏等移民的后代占据了重庆人口的三分之二。东

图3 炒火锅底料

西交融南北汇聚，他们把各地的饮食习俗带到重庆，例如辣椒从广东、贵州、湖南传入四川就发生在"湖广填四川"的移民活动中，然后与渝派川菜发生碰撞、吸收与发展，使得渝派川菜不断推陈出新，极大地丰富了重庆的饮食文化(图4)。重庆的独特文化是吸引旅游者的重要因素，同时也是重庆的城市形象的一张名片。重庆的文化与物产、文化传承、区域经济发展等因素直接相关，美食旅游是重庆文化旅游的一个重要分支。重庆美食是一种文化参照点，其中包含有关其起源地的自然环境、经济和地理气候的独特性[10]。美食让游客可以通过品尝、体验和购买来获取目的地的文化和历史遗产。有些人似乎将品尝和了解某些饮食文化、美食风格或某些菜肴的历史和特点作为目的地选择的重要原因[11, 12]。例如，斯塔夫(Staiff)和布什尔(Bushell)讨论了所谓的"老挝、法国美食融合"以及如何通过这种食物融合来理解殖民文化和文化发展的历史[13]。食物常常与其生长和生产的地点有一定的内在联系，并且可以被认为是奇安佛罗内(Cianflone)等人用当地的方式将消费、生长、实际生产与土地和历史紧密联系的表现[14]。食物也可以将学习文化与特定类型的食物连接[15]。由于重庆美食旅游包括从不同文化中学习，美食旅游者寻求重庆有关形象和真实经历。美食旅游不是一个概念化的旅行方式而是实际存在的，从文化的角度来看，行为、知识和习俗相结合，才创造出了对重庆城市形象的文化认同感。这是一种物质、品味、经验和购买的文化，所有这些都是有一定参与感的。重庆美食代表了重庆的语言，起源和演变，因为美食是重庆文化的象征。如果没有考虑到当地文化特征，任何美食旅游产品的设计都是不可行的[16]。

巴渝美食旅游资源特色越来越浓厚，重庆的地理与人文环境是大江大河汇集，因而城市文化特色是山河文化加快意人生。山河文化具有强烈的刺激性和强大的震撼力、感染力，因而在重庆夏天酣畅淋漓地吃火锅，半夜几个朋友围坐吃烧烤、喝啤酒的痛快，不仅是重庆的形象，也是重庆人的生活方式，更是重庆码头文化的具体体现。

3.3 美食旅游目的地定位的影响

重庆的城市定位与旅游形式、场所营销、资源、产品以及管理和营销有直接联系。在更广泛的背景下，重

图4 重庆特色菜品

庆的城市定位与体验、动机和食物、地点和文化重叠。因此，重庆的遗产和文化是重要的美食旅游资源，其他国家亦是如此。例如：无论是苏格兰，还是意大利，意大利面不仅是一种文化艺术品承载着其文化底蕴和民族精神，而且成为在全世界范围内不断被复制的标识。不可否认，美食被定位为文化遗产，包含目的地文化遗产信息[17]。这种文化遗产在重庆的形象和定位中起着重要作用，因为形象与声誉，定位和品牌相关联[18]。旅游业中目的地的旅游产品集中在旅游体验上。通过旅游，重庆美食也成为一种不断发展的文化形式，这是由游客和当地人之间的协同牵制影响后产生的[19]。城市定位是重庆的历史和文化，而食物创造了形象和位置。

重庆的城市形象定位在成为直辖市后发生了翻天覆地的变化。直辖前，重庆没有清晰明确的城市定位，处于无意识的城市形象传播阶段。作为重工业基地的重庆，城市发展定位不明确，城市形象模糊，旅游吸引力较弱。"雾都、火炉、山城"等城市形象仅仅基于重庆气候以及地形还有一些重庆特有的城市环境基础上作出的简单概括，并不能够完全体现重庆这座城市的特色。而后对重庆"美食之都"以及"火锅之都"的城市形象，让美食旅游得以在重庆生根。而早已名扬海外的桥头火锅与直辖后打响声誉的陶然居等新品牌同城并存；中国（重庆）火锅美食文化节、巫山三峡红叶美食节等节庆活动尽显山城人文底蕴；火锅、毛血旺等美食传奇书写重庆历史等，都突出了重庆的美食资源丰富多彩，独具特色，让重庆的城市形象更具特色。

3.4 城市市场管理的影响

美食旅游的管理和营销，包括目的地定位、旅游地形象创造、学科方法、动机、满意度、消费者行为、研究主题和旅游者等方面。这些与管理和营销的直接联系以旅游导向型研究为主导。除了之前提到的动机、满意度和消费者行为，基于美食的目的地形象以及烹饪文化的参与，促进"定位"这一主题成为一项重要研究课题[20]。

通过食物、地点和文化、营销、旅游开发，重庆广泛地与社区和地区旅游联系起来。因此，地方（包括人）的内在价值而非地点本身就是一个美食旅游管理和营销的重点。美食旅游的营销为重庆的市场创造了一种形象和地方感。美食旅游将旅游市场和利益相关者联系在一起，从而创造了从农场到旅游者的切合感。由于美食旅游是加强重庆城市管理的催化剂，因此它具有推动农村和区域发展的政治资本。重庆的旅游地标如解放碑、洪崖洞、磁器口、长江索道等具有较大的旅游吸引力，而且与重庆不同时期的文化内涵关联，而旅游地标往往对应着相应的重庆美食，如重庆小面、重庆老火锅、重庆酸辣粉、重庆江湖菜等。因此食物具有特定目的地的营销吸引力。认知映射在营销和管理中发现了美食旅游的意义深度，这在一系列关于消费者行为和管理影响的研究尚不多见。

对于美食旅游的市场管理能够提高旅游吸引力，剖析更深层次的旅游意义，构建重庆城市形象，并将重庆城市形象更加具体和多元化，使得重庆的城市形象向有规范、有组织、有内涵的良好方向引导。然而，目前重庆在市场管理和城市形象构建方面的努力还有待加强，不同地标和美食的关联性还在弱连接阶段，需要有更多具体规划，让不同食物在特定地标更有自身文化意义及内涵。

3.5 美食旅游者满意度的影响

现代社会是一个快节奏的社会，生活便利但时间紧缺[21]，因此旅游是一个逃避日常生活的方式。真实性是美食旅游体验的重要方面。食物被认为是地方和文化的概念，与形象、制作场所、目的地导向和地标美食有一定的联系。地标美食是内心满足的输出，是动机、可持续发展、当地社区和美食旅游的循环。通过其他链接的内心满足连接到制作地、地理位置、文化和风味。因此，内心满足和美食旅游起着重要作用。这与游客寻求替代日常生活的同质化或麦当劳化的每日生活方式有关。内心满足作为游客对生活圈以外的追求是一个长期的信念[22]，即发展和证明旅游目的地的旅游体验和食物行为从旅游角度体验其他性，但它通过与其他性的不同而构架出特定城市的形象[23]。内心满足和食物受重庆文化、历史和地方的约束有关。对于美食游客来说，这是食物和重庆文化遗产以及食物创造的地点、方式和对象等细节的结合。抖音等短视频APP让重庆诸多地标成为网红"打卡"景点（图5、图6），很多旅游者来重庆，在各个网红地标"打卡"以获得内心满足，但同时是否应该让特定美食与网红地的关联性更强，是值得政府及相关管理者思考的一个

图5 重庆"网红景点"洪崖洞　　　　　　　　　　　　　　　　　　　　　　　　　　　　邹响/摄

图6 重庆"网红车站"李子坝站　　　　　　　　　　　　　　　　　　　　　　　　　　　邹响/摄

问题。美食旅游和内心满足还与社会、文化资本相关联，并通过技能、沉浸感或展示的方式积累与食物、假期相关的知识。这种可收集的经验反过来成为丰富的社会和文化资本来源，也是区分重庆城市形象的重要手段。

内心满足是最模糊的一个要素，却常常是个人做决定的重要因素。若将重庆火锅与重庆人豪爽的性格、待客的热情联系起来，就能让重庆的美食旅游和城市形象更具特异化，因而可以从其他大城市中凸显出来，满足旅游者替代同质化的需求。再比如，重庆特有的九宫格火锅是否能与长

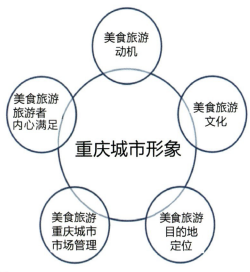

图7 传统观念下美食旅游对重庆城市形象构建的影响

图8 最新研究表明美食旅游对重庆城市形象构建的影响

江边特定的码头文化结合起来，变成一个旅游体验区，以满足旅游者的不同需求，刺激旅游经济的发展，也成为值得深挖的一个课题。

4 结语

4.1 文化因素是美食旅游构建城市形象的核心因素

显而易见，文化是以上所讨论的五个影响因素中对城市形象构建最有核心意义的概念，与其他因素也有交叉和共享的价值。但是实际上重庆城市形象的构建与美食旅游的几个影响因素又并非如图7所示，因为其影响因素结合内心满足，文化和动机代表了一个地方的起源、历史、地点和语言。文化因素可以认为美食旅游是关于文化人类学的，通过了解游客与食物的相互作用，理解政策和商业领域的人作为文化资源管理者，如何打造城市形象，维持可持续性发展或从利润视角构建城市形象[24, 25]。因而可能在几个因素中地位更加重要。美食是构建和表达种族和文化认同的隐喻，人类从文化人类学或人类学食物研究的角度将食物和饮食与仪式，符号和信仰系统联系起来[26-28]。美食旅游文化要素在这几者中应有所侧重，故最新研究发现美食旅游对重庆城市形象的关系图（图8）。美食旅游文化是影响的起点也是核心，直接牵制最终城市形象的构建。

4.2 美食旅游的内心满足提升重庆的亲切感和认同感

美食是一种文化体验,而体验到内心的自我满足至关重要。这种自我满足不能与重庆城市定位分开,即文化遗产定义了地方美食,美食以多种形式从一个地方的旅游方向进行切入。由于食物代表传统,故事和符号,旅游者通过表演、探究和参与来互动并创造体验。因此,美食旅游是历史和地方的呈现,如泡菜之于韩国[29]。而这些体验和符号呈现会增加旅游者对重庆的亲切感和认同感,提升旅游动机,即对生活和互动的新体验的渴望是新的旅游动机的代表,即进行有食物仪式感的旅行。食物确实以体验经济为基础,美食旅游和重庆城市形象的价值的共同创造是基于如何选择消费地点和相关食物而存在的。因此,美食旅游对重庆城市形象的构建有一定价值。

4.3 美食旅游的市场管理有利于城市形象的构建,避免城市形象向负面方向发展

由于许多目的地现在强调美食旅游作为目的地的核心产品,因此美食游客管理作为文化资源的使用者需要更加关注美食旅游的互动,美食旅游管理采取整体而非孤立的视角。美食旅游的可持续发展和管理是关于美食文化资源的可持续管理。很多美食在一定地理边界内生产和消费,是重庆的非物质文化遗产。多利益相关方的参与至关重要,规模也很重要。特定美食通常可用于重庆郊县农村的发展,因此,美食旅游业务直观地说是一项小规模的业务。然而,游客涌入重庆可能造成大量的食物消费量,这会影响重庆郊县的食物供应系统。或者反过来可以很容易地预测到影响。为了避免美食旅游的负面影响,应当与更广泛的利益相关者和重庆政府的参与来规划和建立特定农产品产地的资源管理,包括美食文化遗产、食品供应和生产以及相关人力资源的商业化。不仅生产,而且通过美食旅游消费文化资源的方式也是可持续美食旅游管理的一部分,这是体验旅游的一部分。这对于重庆城市形象朝着积极方向发展有一定的正面作用。

基金项目

四川省教育厅高校人文社会科学重点研究基地川菜发展研究中心项目"美食旅游对重庆城市形象塑造研究"(CC18G10);重庆市教育委员会人文社科项目"'长江经济带'国家战略背景下重庆美食之都可持续发展研究"(17SKG293)。

参考文献

[1] 熊笃. 论重庆城市形象的文化个性特征[J]. 探索, 2001(06): 122-126.

[2] 王东强, 田书芹. 城市品牌形象塑造的经验及其对重庆的启示[J]. 四川林勘设计, 2008(4), 23-26.

[3] Hall C. M., Sharples L. The consumption of experiences or the experience of consumption? An introduction to the tourism of taste[J]. Food Tourism Around the World, 2003(3): 1-24.

[4] Park K., Reisinger Y., Kang H. Visitors' motivations for attending the South Beach wine and food festival, Miami Beach, Florida[J]. Journal of Travel & Tourism Marketing, 2008, 28(2): 161-181.

[5] Smith S., Costello C. Culinary tourism: Satisfaction with a culinary event utilizing importance-performance grid analysis[J]. Journal of Vacation Marketing, 2009, 15(5): 99-110.

[6] 张源. 成都美食旅游研究[D]. 复旦大学硕士学位论文, 2008.

[7] Luque-Martinez T., Del Barrio-Garcia S., Ibanez-Zapata J. A., et al. Modeling a city's image: The case of Granada[J]. Cities, 2007, 24(5): 335-352.

[8] 毛佳贤, 宋万林. 城市形象传播深层文化问题研究[J]. 中外企业家, 2011(12): 104-105.

[9] Kim Y. G., Eves A. Construction and validation of a scale to measure tourist motivation to consume local food[J]. Tourism Management, 2012, 33(2): 1458-1467.

[10] Montanari, A. Geography of taste and local development in Abruzzo (Italy): Project to establish a training and research centre for the promotion of enogastronomic culture and tourism[J]. Journal of Heritage Tourism, 2009, 4(2): 91-103.

[11] Cianflone E., Bella G. D., Dugo G. Preliminary insights on British travellers' accounts of Sicilian oranges[J]. Tourismos: An International Multidisciplinary Journal of Tourism, 2013, 8(3): 341-347.

[12] Staiff R., Bushell R. The rhetoric of Lao/French fusion:: Beyond the representation of the Western tourist experience of cuisine in the

world heritage city of Luang Prabang, Laos[J]. Heritage Tourism, 2013, 7(8): 133-144.

[13] 同[12].

[14] 同[11].

[15] 同[11].

[16] Alonso A.D., Northcote J. The development of olive tourism in Western Australia: A case study of an emerging tourism industry[J]. International Journal of Tourism Research, 2010, 12(6): 696-708.

[17] Metro-Roland M. Goulash nationalism: The culinary identity of a nation[J]. Heritage Tourism, 2013, 8(2): 172-181.

[18] Getz D., Robinson R., Andersson T., et al. Foodies & Food Tourism[M]. Good Fellow Publishers, Ltd, Oxford, 2014.

[19] Avieli, N. What is 'local food?' Dynamic culinary heritage in the world heritage site of Hoi An, Vietnam[J]. Heritage Tourism, 2013, 8(2-3): 120-132.

[20] Frochot I. An analysis of regional positioning and its associated food images in French tourism regional brochures[J]. Travel & Tourism Marketing, 2003, 14(3-4): 77-96.

[21] Yeoman I. 2050-Tomorrow's Tourism[M]. Channel View Publications, Bristol, UK, 2012.

[22] MacCannell D. Staged authenticity: Arrangements of social space in tourist settings[J]. American Journal of Sociology, 1973, 79(2): 589-603.

[23] Nyman J. Fancy some cobra? Exploring Vietnamese cuisine in contemporary culinary travelogues[J]. Journeys, 2003, 4(1): 84-102.

[24] Bessiere J. "Heritagisation", a challenge for tourism promotion and regional development: An example of food heritage[J]. Journal of Heritage Tourism, 2013, 8(4): 275-291.

[25] Cohen E., Avieli N. Food in tourism, attraction and impediment[J]. Annals of Tourism Research, 2004, 34(7): 755-778.

[26] Avieli N. Rice talks: Food and Community in a Vietnamese Town[M]. Indiana University Press, Bloomington, 2012.

[27] Brown K. M. Serving the spirits: The ritual economy of Haitian Vodou[M]. Cosentino D. J., Sacred arts of haitian vodou, UCLA Fowler, Los Angeles, 1995: 205-223.

[28] Feeley G. The Lord's Table: The Meaning of Food in Early Judaism and Christianity[M]. Smithsonian Institution Press, 1994.

[29] 甘奕,李洪军,付杨等. 韩国泡菜品质特性[J]. 食品科学, 2014(19): 125-127.

顺德"世界美食之都"品牌认知调查
A Survey on Brand Awareness of Shunde as the Gastronomy City of the World

文 / 周书云 张嘉欣

【摘　要】

城市竞争力与城市品牌紧紧交织。2014年顺德获联合国授予的"世界美食之都"称号,是城市竞争的法宝。为发挥顺德"世界美食之都"品牌效力,更好建设美食品牌,本文采用问卷调查与深度访谈形式,从美食知名度、美誉度、忠诚度等方面,围绕美食食材、食品、食文化、食风俗、食环境、食宣传、食厨艺等方面,展开三次不同地点不同对象的调查,了解顺德美食品牌认知现状。调查结果显示:顺德美食特色鲜明,种类繁多;品牌具有一定知名度;品牌美誉度尚可。但顺德美食品牌建设也存在一些问题,需从品牌内涵与形式出发,建设好"世界美食之都"品牌。

【关键词】

世界美食之都;品牌认知;顺德

【作者简介】

周书云　顺德职业技术学院酒店与旅游管理学院副教授

张嘉欣　顺德职业技术学院酒店与旅游管理学院2017级本科生

注:**本文图表均由作者制作并提供。**

1 顺德"世界美食之都"品牌认知调查背景

全球一体化的世界里，城市竞争力与城市品牌紧紧交织。品牌，具有识别性和区分性，既包含了外在的识别即品牌的外在表现形式名称、图案、颜色、音乐等，也包含了品牌的内在识别即品牌传递的概念和个性，并使之同竞争对手区别开来的功能[1]。同时，品牌具有极高的价值，能产生品牌资产。

"世界美食之都"是城市走向世界的一种捷径，它是联合国教科文组织授予创意城市网络成员中一类城市的称号，它在促进全球文化多样性保护、推动城市文化产业发展上起到了积极作用，为各国搭建了展示文化特色与产品销售的世界舞台，扩大了城市人文历史和特色资源宣传[2]。"世界美食之都"品牌含金量高，它有严格的申报和审批程序，需城市所在国提出申报，经联合国教科文组织审核、考察评估、专家质询、评审投票等环节通过，且称号需要定期复评。到目前（2018年10月），全世界获得"世界美食之都"称号的城市只有8个。

2014年12月，广东顺德荣获"世界美食之都"称号[3]，这是联合国对顺德饮食及饮食文化的认可，意味着顺德美食顺利通过评选的八大标准，已经具备美食品牌建设的基础与底蕴，也标志着顺德世界级美食品牌的确立，给顺德美食产业发展带来大机遇，同时也可激励其他城市申报与建设美食之都的热情。顺德各界非常珍惜，都在想办法擦亮"世界美食之都"品牌，举办了顺德世界美食节、美食中国游等活动，取得了一些成就；但世界美食之都品牌在顺德经济社会发展中的作用还不够突出，美食品牌建设中也存在一些问题，对美食品牌理论研究更为欠缺。为此，本文在调查基础上，认清顺德"世界美食之都"品牌建设现状，发现存在的问题，期望找到解决的对策，提高世界美食品牌的资产价值，为顺德构建"世界美食之都旅游目的地"奠定基础，助推顺德城市转型升级，也为其他城市美食旅游、美食品牌打造提供参考与借鉴。

2 顺德"世界美食之都"品牌认知调查

为获取更真实、更稳定的顺德"世界美食之都"品牌认知现状数据，笔者采用问卷调查与深度访谈等方式，前后进行三次不同地点不同对象不同时段的由浅入深的调查，从顺德美食的知名度、美誉度、忠诚度等角度入手，围绕顺德美食食材、食味、食文化、食风俗、食环境、食宣传、食厨艺等方面展开（表1）。

表1 顺德"世界美食之都"品牌认知调查概况

调查次序	第一次	第二次	第三次
调查目的	新老顺德居民对顺德"世界美食之都"品牌认知程度	了解顺德开发美食旅游条件及打造世界美食旅游休闲目的地的建设基础	了解游客对顺德美食品牌的认知及顺德"世界美食之都"品牌宣传成效
调查时间	2015年10月	2016年10月	2017年12月
调查地点	顺德职业技术学院	网络平台问卷星	顺德景区，如清晖园、顺峰山公园
调查对象	顺德大学校园工作人员（老师、学生及其他）	来过顺德者（包括顺德居民）	游客
调查方式	发放纸质问卷、访谈	网络调查	发放纸质问卷、访谈
调查内容	顺德美食产品认知、世界美食之都品牌认知、顺德美食宣传途径	顺德美食旅游意向、顺德美食旅游产品认知、顺德美食旅游品牌认知、顺德美食品牌宣传现状	顺德美食产品认知、顺德美食消费意向、顺德美食品牌认知、顺德美食宣传效果

2.1 第一次调查

第一次调查于2015年10月在顺德职业技术学院校园进行，采用纸质问卷形式，发放问卷300份，回收270份，回收率90%，被试样本人群主要有大学生、教师，还有保安、食堂员工、宿舍管理员、清洁工人等。调查结果如下文。

2.1.1 顺德美食产品认知

超过80%的被调查者对顺德美食味道持肯定态度。在对顺德美食特点的评价中，认为"保留食材原味"占35%。顺德美食在粤菜中独树一帜，

图1 顺德的美食

以"清、鲜、爽、嫩、滑"为特色，讲究色、香、味俱全和烹调的火候，追求原汁原味，力求达到最佳造型和口感。技艺上，重视蒸、闷、焯、炒、炖、煎、焗等烹调技法的综合运用，讲求配料、刀法、摆设之高雅悦目，并特别注重选料新鲜，力求用料大众化，如双皮奶、顺德鱼生、均安蒸猪等，都取材于当地盛产的鱼类和禽畜。顺德有很多著名甜品和驰名全国的菜品，如双皮奶、凤城炒牛奶、炸牛奶、顺德鱼生等（图1）。在问卷列举的美食中，品尝过大良双皮奶和陈村粉的人数较多，分别达86.17%、59.57%（图2）。

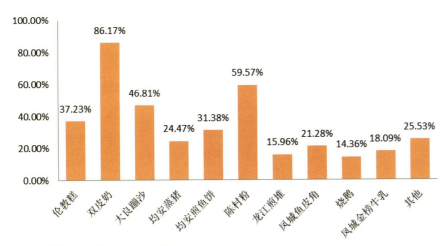

图2 您品尝过哪几种顺德美食？（多选）

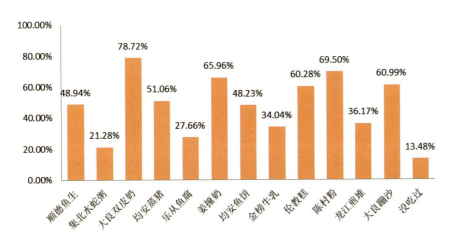

图3 是否有吃过以下顺德美食？（多选）

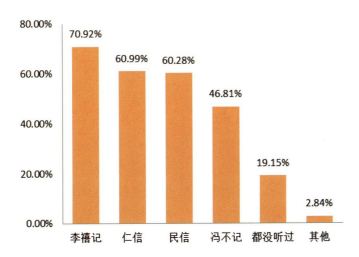

图4 您听过以下哪些顺德民间老字号？（多选）

但关于顺德美食历史，56%的被调查者表示不了解，说明顺德对本地美食文化内涵的挖掘不够及宣传不足。如果连顺德本地人都不了解本地的美食历史与文化，外地人更加不了解，这不利于顺德美食品牌的建设。其实，顺德美食历史悠久，顺德人民历来追求美食，美食之风自清代便已盛行。如今顺德工商业日趋发达，生活富足，大多数顺德人从小就受美食熏陶。顺德土地肥沃，河涌交错，盛产淡水塘鱼，民众农闲之时注重饮食烹调，稍有创意的新菜，则易流传。优越的自然条件、发达的经济、对美食的追求，为顺德美食发展奠定了坚实基础。

2.1.2 顺德"世界美食之都"品牌认知

顺德成功申办世界美食之都的主要原因除了其美食文化本身底蕴深厚，也离不开全民参与和政府的支持。尽管顺德人民都非常愿意为顺德发展世界级美食产业贡献力量，但在被调查者中，有62.77%的人不知道"世界美食之都"品牌的申报过程。如申报过程能被大多数人知晓，则能加深人民对顺德美食产业的认知。

2.1.3 顺德美食宣传情况

在美食认知中，朋友介绍是主要的传播途径，其次为自己亲身品尝和电视宣传。作为顺德居民，既是顺德美食的主体与参与者，也是美食传播的媒介与美食形象的载体。

经调查，顺德居民认可顺德美食，对顺德美食产品的种类、特点、口味等都有比较深入的了解；虽然对顺德"世界美食之都"申报过程不太清楚，但明白世界美食品牌来之不易；且人际传播在美食宣传中有着重要作用。

2.2 第二次调查

第二次调查于2016年10月在线进行，主要从旅游角度出发，基于将顺德打造成为世界美食旅游休闲地目的，通过"问卷星"获取数据。结果如下文。

2.2.1 顺德美食旅游意向

从旅游吸引物角度看，风景名胜（46.81%）胜过美食（34.75%），成为旅游主要动机。76.6%的人认为当地的特色美食对他们选择旅游目的地很重要。当然，如果以美食作为旅游吸引物，一定要突出地方特色（48.94%）；旅游目的地餐饮地点选择，决定因素依次为：味道（87.94%）、价格（66.67%）、知名度（59.57%）、用餐环境（59.57%）、服务态度（51.06%）和交通（33.33%）。所以要打造美食旅游休闲地，光做好美食产品本身远远不够，还要从风景名胜、文化产业、用餐环境、服务等方面挖掘，联动发力，才会有成效。

被调查者如果选择顺德为出游目的地，美食对其的吸引力（68.79%）远超过顺德景点的吸引力（10.64%）。如果在顺德就餐，46.81%的被调查者喜欢美食街（小吃街），34.75%的被调查者偏向当地特色餐厅，很少人选择去当地酒店（0.71%）。这可能与美食街种类多、品尝方便、快捷而又集中等特点有关，满足游客在同一地点品尝更多美食诉求。这对美食旅游开发有一定指导价值。

2.2.2 顺德美食产品认知

通过对比分析，本次被调查者对顺德美食产品、顺德美食吸引力的评价与第一次调查数据相验证。在列举的美食中，品尝过大良双皮奶、陈村粉的人数占据第一和第二

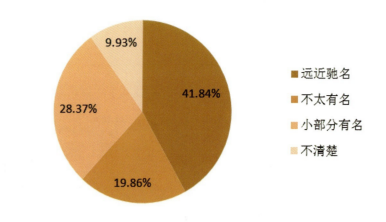

图5 你觉得顺德美食的知名度如何？

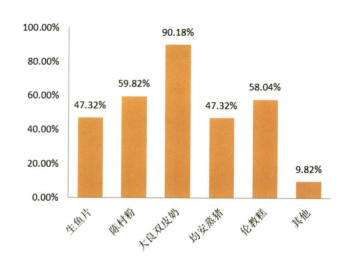

图6 您对顺德美食了解深刻的特色美食是（多选）

位，分别达78.72%、69.5%（图3），品尝其他美食的人数不相上下。顺德美食对被调查者的主要吸引力依次为口感、食材、厨艺、性价比高，分别为68.09%、63.83%、51.77%、28.37%。这些因素，代表了对顺德美食特色的认知。

第二次调查中，增加了一些项目，比如有无吃过顺德美食、顺德老字号、顺德美食存在的问题等。吃过顺德美食的人多达78.72%，这说明对顺德美食的认知与评价是建立在感性认识上的。顺德民间老字号认知中，依次为李禧记、仁信、民信、冯

不记（图4）。这可能跟老字号的地理位置有关，李禧记就在清晖园景区旁边，是方便游客光顾的店铺。

2.2.3 顺德美食品牌认知

顺德美食品牌知晓度与第一次调查数据相验证，知道顺德成为"世界美食之都"的人数比例达73.76%，高过对成都（53.19%）的认知。这可能跟调查地点在顺德，被调查者对顺德比较熟悉有关。在第二次调查中，增加调查项目"顺德美食的知名度"自我评价，只有41.84%自我感知良好（图5）。

2.2.4 顺德美食品牌宣传效果

在美食宣传中，"朋友介绍"这一途径非常重要，电视的宣传也受到认可，这与第一次调查数据相验证。电视宣传效果究竟如何？经过调查，看过《舌尖上的中国》或《寻味顺德》后，被调查者对顺德的印象大为改观，选项"当地美食多""食材选料制作工艺讲究""当地民俗淳朴"分别占63.83%、64.54%、48.23%。在美食宣传中，人际传播与电子传播都很重要。

顺德的美食节活动是重要的美食品牌宣传方式，参加过的人占43.97%。顺德举办美食节对当地产生的影响已被认可，60%以上的人都意识到它能提高旅游吸引力，弘扬保护顺德饮食文化，促进餐饮业发展，树立对外城市形象。顺德政府对美食的重视，也被民众认可。选项"很重视，经常做各方面宣传"占29.79%，"还算重视"占33.33%。

通过对顺德来访者调查，可以看出，顺德美食产品好，名品名店多，"世界美食之都"品牌超70%的人知晓，顺德正全面展开美食宣传，重视媒体的宣传作用、重视美食街、美食节的建设，政府作用大，顺德具备发展世界美食旅游的条件。但顺德"世界美食之都"品牌建设目前存在问题，需要积极解决。

2.3 第三次调查

第三次调查于2017年12月在景区内进行，主要基于将顺德打造成为世界美食品牌目的，重点了解游客对顺德美食品牌的认知，调查者利用周末时间到顺德市内景区，如清晖园、顺峰山公园发放问卷，随机选取游客进行面对面访谈。本次调查共发放调查问卷160份，回收112份，回收率约80%。问卷共有32题，分为基本资料和基本问题两部分，基本资料主要是调查被调查者的职业、收入和居住地，观察他们对顺德美食品牌的了解和认知主要集中的区域。基本问题主要针对被调查者对顺德美食产品认知、顺德美食消费意向、顺德美食品牌认知、顺德美食宣传效果等内容设置，了解游客对顺德美食品牌的认知度与美誉度。

2.3.1 顺德美食产品认知

游客对顺德美食的了解程度一般（62.5%），不了解的人数占19.64%，非常了解仅为17.86%。在列举的美食中，大良双皮奶、陈村粉品尝的人数占据第一、二位，分别达90.18%、59.82%（图6），与第一次、第二次调查数据相验证。所了解的顺德甜品小吃中，传统的品种高过新创的品种，如双皮奶（94.64%）、蹦沙（60.71%）、伦教糕（62.5%），均高过新创品种椰奶冻（30.36%）。游客对顺德美食店的了解以老字号居多，民信、仁信老铺占比76.79%，欢姐伦教糕为56.25%。游客对顺德美食的喜好，还是以顺德传统的美食、美食店为主，因为它历经时间洗礼，特色鲜明。

游客对顺德最深刻的印象，美食高过于经济发达，占比58.04%，经济发达占27.68%，民俗风情多彩为4.46%。美食更亲民，更易被世人感知，从而产生感染力。顺德政府将其作为重点工作推进是对的，符合民意。

游客对顺德美食评价好，选项"味道不错、价格优惠"占30.36%，"品种多样、价格合理"占31.25%，98.21%的人认为顺德美食有发展前景。

2.3.2 顺德美食消费意向

来顺德游玩，游客的美食消费意愿比重大，占48.21%，景区游览占15.18%，美食与景区消费差不多的占36.61%。顺德经济发展中，57.14%的游客认为美食贡献力度大，这两项都与第二次调查验证。顺德美食具有吸引力，因品尝顺德美食慕名而来的游客占58.93%。游客对美食地点的选择并不在乎，顺德街边小吃店占19.64%、饭店占9.82%、都无所谓只要好吃就行的游客占70.54%。这与第二次调查有点不一致，来过顺德者，就餐喜欢的类型为美食街（小吃街）占46.81%，当地特色餐厅占34.75%，很少人选择去当地酒店（0.71%）。来过顺德的被调查者，品尝美食可能更有经验。91.07%的游客认为顺德小吃适合大众口味，品尝顺德美食时，愿意花费的人均消费选择"21~50元"占多数，达36.61%。这与顺德目前大多数餐饮店的人均消费相当。顺德美食发展潜力大，性价比高，能够得到游客认同，具有发展世界美食旅游目的地的基础。

表2 你知道顺德被评为世界美食之都吗?

调查次数 \ 比例	知道(%)	不知道(%)
第一次调查	70.74	29.26
第二次调查	73.76	26.24
第三次调查	78.57	21.43

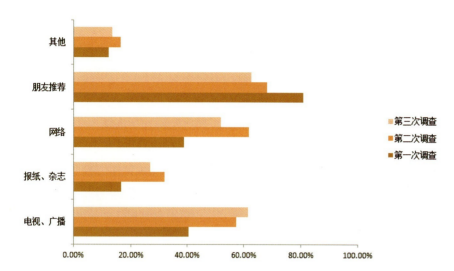

图7 关于顺德美食您是通过哪些途径了解的(多选)

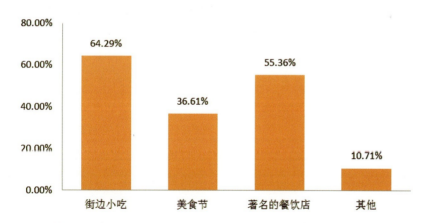

图8 您是通过哪种形式品尝到顺德美食的(多选)

2.3.3 顺德美食品牌认知

顺德被评为世界美食之都,知道的游客远远多于不知道的,三次调查数据相似(表2),游客对此认识高于来过顺德者及本地居民,因为调查时间的差异,越往后调查知晓的人越多。由此说明美食品牌的传播成效,都需要一个过程。

对游客就顺德美食知名度的调查中,选择"无地位"的只占1.79%,"局限在佛山一带"的占12.5%,"在中国有一定的知名度"占50.89%,"世界知名"的34.2%,与第二次调查数据验证。顺德美食知名度正在提高,从中国开始走向世界。和家乡菜肴相比,游客选择都喜欢的比例达44.64%。提高顺德的世界美食知名度,仍任重道远。

2.3.4 顺德美食品牌宣传效果

关于美食宣传的调查中,朋友传播很重要,但其他传播也不可小看。三次调查数据相似,显现传播成效的规律性(图7)。

调查中,70.54%的游客观看过《寻味顺德》。《寻味顺德》播出后,67.3%的游客愿意去栏目中的网红店,不愿去的占13.6%,无所谓的占18.1%;45.54%的游客参加过顺德美食节。顺德的"小厨神大赛"得到游客的关注数较少,只占12.5%。

品尝顺德美食的形式,选择街边小吃的游客多,高过于餐饮店、美食节和其他形式(图8)。这与第二次调查数据相补充,第二次设置的题目为三选一,大多数来过顺德者对于顺德街边小吃店和饭店的选择表示无所谓,强调的是吃得有特色。

此外,游客献计献策,回答"顺德人应该怎样传承美食文化""如何提升顺德美食之都的品牌"等开放性问题。

3 调查结论

这三次调查在顺德"世界美食之都"品牌认知上,呈现一些共性,结论如下文。

3.1 对顺德美食产品认知客观，顺德美食特色鲜明，产品多样

调查显示，无论是顺德居民、来过顺德者，还是游客，对顺德美食产品认知客观实在，对顺德美食评价趋于一致。顺德美食种类多，特色鲜明，风味独特，自然给人印象深刻。顺德美食经得起时间的考验，如双皮奶、蹦沙、均安蒸猪等，凝聚历史的沉淀、经验的积累。在对顺德美食种类认知上，被调查者对双皮奶的感知最为明显，其次为陈村粉或伦教糕。液态的、用来喝的牛奶，在顺德人手中，千变万化，可变成固态的、可蒸可炒可炸、可冷吃可热吃，滋生了世界上独一无二的顺德牛奶系列。

在对顺德美食认知上，结果因被调查者身份的不同而存在差异。顺德居民对顺德美食的认知比较深入，明确顺德美食的优点与劣势，对美食文化的缺位非常不满，对美食的追求更高。来过顺德者认为顺德美食口味、食材、厨艺、性价都比较高。而游客多从口味、性价比等较直观的角度进行美食对比，认为顺德美食适合大众口味，性价比高。来过顺德者及游客认为的美食，顺德居民并不觉得美食。访谈顺德居民时发现，他们很少去网红餐饮店，而会带你去寻求更多更原味的美味，而这些店，位置可能会很偏僻，一般人很难知晓。

3.2 顺德美食品牌具有一定的知名度

三次调查结果都显示，70%以上的顺德居民、来过顺德者、游客都知道顺德获得"世界美食之都"称号。但与世界美食相比，顺德美食品牌还有差距，只是在中国具有一定的知名度。

顺德美食的知名度，与顺德人有关。顺德人遍及海内外，为顺德美食对外传播提供有利条件。调查问卷所涉及的顺德饮食店，如猪肉婆饭店、民信、仁信老铺、欢姐伦教糕、奥巴顺饭店等，顺德区的各大品牌美食种类，游客都有一定认知，有不少项目入选旅游类介绍书籍。

媒体提升了顺德美食品牌知名度。第三次调查了解游客是否观看过《寻味顺德》这一栏目时，观看过《寻味顺德》的人数占了70.54%，愿意去栏目中的网红店消费的达67.3%，栏目里出现的各大餐饮店的知名度都迅速提高，民信和仁信两家老店铺的知名度高达74%，其次是欢姐伦教糕、猪肉婆、奥巴顺饭店（祥顺饭店）。但同样是媒体，小媒体、地方媒体的宣传效果远不及大媒体、全国性媒体。

3.3 顺德美食品牌美誉度尚可

顺德作为改革开放前沿地，外来人口众多，要得到来自五湖四海的人的好评，非常困难；作为怀旧的器官，胃很难改变它的美食"记忆"。但顺德菜慢慢征服了来自不同地域不同人群的美食偏好。来过顺德者将品尝美食作为出游目的，游客对顺德最深刻的印象、对顺德美食评价、对顺德菜与家乡菜都喜欢的占40%。访谈中，被调查者对顺德的气候、环境、民风等评价各有不同，但对美食的好评趋于一致，都慢慢喜欢上了顺德菜。

在调查"顺德美食是否有发展前景"时，98%的游客都觉得很有发展前景，游客来顺德游玩，愿意进行美食消费。顺德居民也非常认可顺德美食，非常珍惜"世界美食之都"的荣誉，顺德完全有基础有能力建设为世界美食旅游目的地与休闲地。

4 顺德"世界美食之都"品牌建设存在的问题及对策

4.1 顺德"世界美食之都"品牌建设存在的问题

顺德"世界美食之都"品牌没有真正走向全国乃至世界，珠三角外知道的人并不是很多。访谈发现，很多顺德老一辈人都不知道顺德获得"世界美食之都"称号这回事。从品牌内涵与形式入手，综合调查与访谈，顺德"世界美食之都"品牌建设存在以下两个问题。

4.1.1 顺德美食文化呈现不够

在第二次对来过顺德者进行"顺德美食存在的问题"网上调查时，排在首位的是缺乏特色美食旅游线路（占55.32%），其次是宣传力度不足（占49.65%），还有缺乏集中的美食展示（占46.81%）（图9）。特色美食旅游路线的设计与美食集中展示地，都属于美食文化内涵建设问题。上文提到，在第一次对顺德居民进行调查时，居民对顺德美食历史大都不了解。

顺德美食文化挖掘与呈现不够，菜品制作过程中文化渗透不深，即使顺德居民，对美食历史、美食文化理解也存在缺失。四川的麻婆豆腐、夫妻肺片等都有典故，有着历史的沉淀，因此在对外推广中文化发挥了重要作用，而顺德美食所缺失的就是对文化底蕴的挖掘、包装与

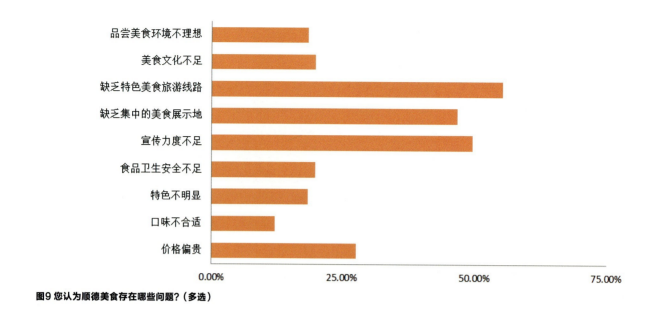

图9 您认为顺德美食存在哪些问题？（多选）

宣传。美食文化内涵挖掘不够，当然无从展现，因而没有成体系的美食文化体验路线，影响美食展示。此外，顺德餐饮业合力意识薄弱，代表性餐饮品牌缺乏；菜肴食品的造型、包装、现代美食审美艺术等方面都还待挖掘提高。

4.1.2 顺德美食宣传力度不够

无论是客观性质的问卷调查还是主观性质的访谈，无论是对顺德居民还是来过顺德者或游客，在对顺德美食品牌建设对策上，提及最多的词语为"宣传力度不够"，如线上宣传较少、没有很好地利用SNS（社交网络服务）营销手段。

顺德美食的知名度与传播的载体相关。现代传播方式多种多样，调查"你是如何知道顺德美食的"，其中人际传播效果最好。但作为旅游企业的主体组织，如旅行社、酒店、景区等，宣传推广力度不足，宣传方式方法略显单调，还有待创新。

顺德政府重视美食建设，为"世界美食之都"品牌建设奠定了基础。政府多为美食做宣传，才有机会把美食做精做细，美食旅游才会成体系。"顺德政府对顺德美食的重视程度"的调查中，约63%的顺德居民认为政府重视美食建设。但深入访谈得知，政府对顺德美食的宣传虽然做了，但做的还不到位，或者宣传效果不太理想。

美食街、美食节同样成为美食传播、提高美食知名度的重要窗口。在顺德就餐时，美食街都成为来过顺德者及游客的首选，美食节作用大，但可惜超50%的来过顺德者及游客都没有参加过。

4.2 顺德"世界美食之都"品牌建设对策

4.2.1 突出康养，挖掘文化，继续做好顺德美食内涵建设

顺德美食能够与其他菜系区别出来的最大特征，就是当今中餐追求的"养"——健康和营养。顺德美食不管是在烹饪选料，还是烹饪技艺中都别具一格，饮食讲究清淡、新鲜，追求原汁原味，注重营养、健康、环保，符合现代社会对健康美食的诉求，因而能够得到多数人的认可，体现顺德

个性。突出康养,是顺德美食品牌建设的方向,是顺德美食的生命力,也是顺德美食走向世界的桥梁。

美食文化建设是一个漫长而持久的过程,必须静下心来做。首先做好美食产品的文化建设,如:做好美食民间故事、传说、习俗的搜集与整理工作,突出美食产品的文化内涵,将传统特色美食进行非遗的整理与申报,对老字号等进行扶持,突出美食产品的传统与古老。[4]其次做好美食企业的文化建设。"食在广东,厨出凤城"(凤城即顺德旧称)。顺德厨师敢于创新,追求烹饪技巧的多样化,如一鱼多味。顺德美食拥有独特的经营方式和饮食特点,如大良的祥顺饭店,因为老板的外貌与美国前总统奥巴马很像,所以他给自己起了一个外号叫"奥巴顺",成为网红店。做好名店、名品、名厨、名食材等的搜集、整理、拍摄等工作,做好美食之都人才建设,都能提升美食文化内涵。

4.2.2 将顺德美食宣传做足做扎实,做好顺德美食形象展现工程

品牌的打造,内容形式都重要。顺德美食已拥有世界级的美食品牌,具有充足的美食内涵建设条件,将顺德美食宣传做足做扎实,做好顺德美食形象展现工程尤为重要。

哪些方式能更好地塑造和推广顺德美食之都的形象?在第二次网络调查时,来过顺德者给出了很多可行措施。举办美食节活动,建造品种丰富的美食街,在杂志报纸电视投放传统广告,在影视作品中介绍顺德美食,旅行社推出以顺德美食为主题的旅行团,通过微博、微信等新媒体传播美食攻略美食地图等方式都得到认可,比例分别为:70.92%、66.67%、53.19%、60.99%、52.48%、63.12%。这说明顺德"美食之都"的宣传途径非常多,可从不同角度、不同途径、不同方法建设。

具体到美食节宣传上,在第二次对来过顺德者就游客在意的因素进行调查,按高低排列为:美食的特色、饮食文化氛围、场地卫生及环境、食品卫生与安全、美食的价格、会场布置,分别占79.43%、73.05%、66.67%、56.03%、51.77%、34.04%。说明这些因素都很重要,必须从美食节特色、氛围、环境、卫生等方面建设。

此外,还可通过其他方式进行宣传,比如输出顺德大厨;打造美食产业链;设计、推广美食旅游产品;将顺德美食融入顺德农业、工业及其他服务业中,进行全媒体宣传;举办美食论坛、厨艺赛事(民间厨艺比拼、官方主办厨艺赛事、参与世界厨艺大赛);顺德美食进学校,培养美食传承人才;申报美食非遗项目;扶持私房菜;定制美食标准等措施。

总之,以"特色化、国际化、系列化"为顺德美食品牌建设目标,利用顺德美食品种多样、名厨众多、美食产业发达等条件,结合顺德人文精神及产业特色,加大营销投入,采用多样化、多渠道营销,塑造富有顺德特色的世界美食之都的整体形象,行业联动,跨界融合,构建"世界美食之都旅游目的地",进行顺德美食品牌的建设。

基金项目

本文系2018年广东大学生科技创新培育专项资金项目(攀登计划)《顺德"世界美食之都"品牌认知研究》(Pdjhb0950)局部成果。

参考文献

[1] 菲利普·科特勒. 营销管理(第十版)[M]. 北京:中国人民大学出版社,2006.
[2] 云南网(昆明). 昆明申报"世界美食之都"底气何来[EB/OL]. [2016-10-17] http://news.163.com/16/1017/07/C3IJCF5P00014AEE.html.
[3] 卓越. 广东顺德获"美食之都"殊荣,中国食品之星[EB/OL]. [2014-12-17] http://cnfoodstar.com/hot/201412/1281.html.
[4] 周书云,方微. 佛山美食旅游开发现状、存在问题及对策[J]. 顺德职业技术学院学报,2014(4):82-87.

BES 大地风景文旅集团
BES Cultural Tourism Group

目的地美好生活创新服务商

17 年
专于文旅

3000+
作品

赋能

目 的 地
美好生活
新 时 代

ENABLE A BETTER
DESTINATION LIFESTYLE
AT THE NEW ERA

/ 规划设计
/ 投资融资
/ 注入内容
/ 运营资产

大地规划
文旅规划设计的
领跑企业

风景文创
旅游文创消费运营
的先行探索者

大地乡居
落地化乡村文旅
投、建、运综合提供商

大地溪客
露营地开发
综合服务商

大地云游
基于大数据的
智慧旅游与营销服务商

大地诚泰
文旅内容股权
投资管理者

大地遗产
文化遗产
保护活化开拓者

大地景区
景区开业与
转型升级服务商

大地建筑
创造风景的
建筑设计机构

 www.bescn.com ✉ sales@bescn.com ☎ 400-060-8181 189-1130-5757

大地拾一。

活化遗产 | 融合文旅 | 服务生活

拾起每一个地方的共同记忆
拾起每一处空间的历史使命
拾起每一天我们的美好生活

产品服务

 遗产保护与活化利用咨询

 遗产研学与文化传播

 遗产主题空间改造与整合运营

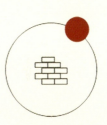 遗产文创IP与产业孵化

合作伙伴

国家文物局　文化和旅游部民族民间文艺发展中心
中国古迹遗址保护协会　中国旅游景区协会
遗产酒店联盟
抖音创新事业部　穷游网
小镇文创　风景文创
……

大地风景文旅集团旗下
北京大地拾一文化遗产保护发展有限公司

地址：北京市朝阳区北四环中路27号盘古大观5层
邮编：100101
电话：010-53357511
网站：www.bescn.com

大地鄉居
BES VILLAGE LIFE DEVELOPMENT
创造美好的新乡土生活

大地乡居，怀着对于乡村的尊重与热爱，重新认识与探索乡村的多元价值。以文化旅游激活乡村闲置资源，改善乡村设施与风貌，打造高品质的乡村文旅产业集群。城乡共建共享，创造美好乡土新生活。

专注于文旅振兴乡村的综合解决方案，基于乡村空间改造建设、旅游业态导入培育、乡村资产管理、乡村品牌传播四大业务领域，为乡村提供涵盖策划、规划、设计，以及融资、建设和运行的全产业链服务。

-
我们提供深度的乡村在地人文旅行体验
我们在项目经营的同时促进乡村社区营造
我们推动城市和乡村的交互和链接

已服务案例

大地乡居·甘泉村 / 大地乡居·香坊 / 大地乡居·龙船调 华侨城·螺溪谷 / 大地乡居·张泉 / 大地乡居·鹤影里

联系我们

-
公司地址
北京市朝阳区北四环中路27号盘古大观31层
-
联系电话
010-58437001
178 1321 6171
-
官方网址
www.besvillage.com
-
电子邮箱
ddxj@bescn.com

扫码了解更多信息